So funktioniert das

Kauderwelsch-Prinzip

1. Die zusätzliche Wort-für-Wort-Übersetzung verdeutlicht die fremde Satzstruktur. Grüne Hinterlegungen zeigen Lücken zum Einsetzen von Wörtern bzw. Alternativen zum Auswählen an.

Fremdsprache	**Tha mi a' lorg ...**
Lautschrift	*ha mi a lorrek ...*
Wort-für-Wort	*ist ich bei Suchen ...*
Übersetzung	Ich suche ...

2. Dies erleichtert anschließend das Einfügen der gewünschten Wörter in die Sätze.

leabhar (m)*	*ljo'or*	Buch
briogais (w)	*brikisch*	Hose
brògan (w)	*brookan*	Schuhe
geansaidh (m)	*genssi*	Pullover

*In Klammern ist das Geschlecht des Wortes angegeben.

AZ Die Wörterlisten am Ende des Buches enthalten noch mehr Wörter, die man beliebig austauschen kann.

Inhalt

Schottisch-Gälisch lernen

Schottisch-Gälisch sprechen

Wörterbuch

Auf einen Blick

Schottisch-Gälisch

Schottisch-Gälisch ist eine von sechs keltischen Sprachen, von denen vier heute noch gesprochen werden (mit Irisch-Gälisch, Bretonisch und Walisisch). Das schottisch-gälische Sprachgebiet ist orange eingezeichnet.

790 Inseln

gehören zu Schottland, von denen ca. 130 von Menschen bewohnt sind. Die Äußeren Hebriden bilden den Kern des heutigen Sprachgebiets.

über **90** Laute

Gälisch nutzt nur 18 Buchstaben, kann damit aber mehr als 90 Laute darstellen – mehr als jede andere Sprache in Europa.

1,5%

der Schotten sprechen Gälisch. Das sind ca. 60.000 Sprecher.

Vorwort

Schottlandtouristen kennen das: Je weiter man in das Hochland vorstößt, umso mehr häufen sich anscheinend unaussprechbare Ortsnamen, plötzlich werden Ortsschilder zweisprachig, und spätestens bei einem Besuch im Pub wird man möglicherweise eines dieser melancholisch-schönen Lieder in einer sonderbar fremd klingenden Sprache hören.

Mit diesem Kauderwelsch-Band halten Sie den ersten jemals auf Deutsch erschienenen Sprachführer für Schottisch-Gälisch in der Hand. Schottisch-Gälisch ist keine mythische Druidensprache, die aus den Nebeln der keltischen Anderwelt herüberweht, sondern eine täglich gesprochene, lebendige Sprache, deren Ausdrucksweise manchmal handfest, oft überraschend und nicht zuletzt wunderbar poetisch ist.

Jetzt können Sie auf Entdeckungsreise gehen. Erschließen Sie sich die gälische Kultur der Äußeren Hebriden, sprechen Sie die Einheimischen in ihrer eigenen Sprache an. Oder lehnen Sie sich zu Hause im Sessel zurück, lauschen Sie gälischer Musik und versuchen einige der Worte zu entdecken und zu verstehen.

Suas leis a' Gàidhlig!
Viel Spaß dabei!

Michael Klevenhaus

Top 5

Typisch Schottisch

№1 Wetter

Das Wetter ist ein wichtiges Gesprächsthema. Keine Unterhaltung kommt ohne einen Kommentar zur Wetterlage aus.

№2 Musik

Musik ist aus dem Alltagsleben der Gälen nicht wegzudenken. Sollten Sie ein Plakat oder einen Hinweis in der Zeitung mit der Ankündigung „**cèilidh**" sehen, gehen Sie auf jeden Fall hin. Möglicherweise bekommen Sie ein Mikro in die Hand gedrückt mit der Bitte, ein Lied vorzutragen.

№3 Geld

Schotten sind übrigens mitnichten geizig. Es wird aber durchaus darauf geachtet, dass Freigiebigkeit keine Einbahnstraße ist. Wenn Sie im Pub zu einer Runde eingeladen sind, achten Sie darauf, dann auch mal eine Runde zu schmeißen!

№4 Monster

562 große Süßwasser-Lochs gibt es in Schottland. Alle werden von Monstern bewohnt. Die berühmtesten sind **Niseag** *[Nischak]* (Nessie) in Loch Nis und **Mòrag** *[Moorak]* in Loch Mòr.

№5 Sonntag

Der Sonntag ist heilig. Auf den Hebriden und Skye ist die Freikirche sehr stark vertreten. Sonntags ruht dann das öffentliche Leben komplett: Geschäfte und Tankstellen haben geschlossen, Fähren verkehren nicht. Sport, Wandern, Fischen und ähnliche Freizeitaktivitäten sind sonntags nicht gern gesehen. Respektieren Sie bitte diese Sonntagsruhe. Auch wenn Sie selbst nicht religiös sind, lohnt es sich, an einem Gottesdienst teilzunehmen. Sie werden wunderbare Musik hören und können sich im Anschluss sicherlich mit jemandem auf Gälisch unterhalten.

Über die Sprache

Schottisch-Gälisch ist aus dem Irisch-Gälischen hervorgegangen. Im 5. Jahrhundert begann die Einwanderung der nordirischen Skoten in die heutige Gegend **Argyll (= Earra-Ghaidheal**, Küste der Gälen) in Schottland. Das dort gegründete Reich **Dalriada** expandierte rasch und schloss sich bald mit den piktischen Herrschaftsgebieten zusammen. Bis zum 12. Jahrhundert war Gälisch die gemeinsame Sprache Irlands und des Königreiches **Alba** in Schottland. Durch die räumliche Trennung der beiden Sprachgebiete entwickelte sich nach und nach das Schottisch-Gälische. Erste schriftliche Zeugnisse hierfür finden wir im **Book of Deer** und im **Book of the Dean of Lismore**, Sammlungen handschriftlicher Texte aus dem 17. Jahrhundert.

Als im Jahre 1746 nach der Schlacht von **Culloden** die englische Besatzungsmacht alles typisch Schottische unterdrückte, wurde auch das Gälische systematisch unterbunden, Englisch wurde die dominante Sprache der Oberschicht. Noch bis in die 1970er Jahre wurden Schulkinder bestraft, wenn sie in der Schule Gälisch sprachen, und so wundert es nicht, dass die Zahl der Gälischsprecher bis 1971 auf knapp 100.000 gefallen war.

Wurde Gälisch bis ins 19. Jahrhundert in den gesamten Highlands verstanden, so erstreckt sich das Verbreitungsgebiet heute hauptsächlich auf die Äußeren Hebriden am Westrand Schottlands. Weiterhin wird Gälisch an der Nord- und Westküste Schottlands sowie auf der Insel **Skye**, wo sich auch das gälische College **Sabhal Mòr Ostaig** befindet, vereinzelt gesprochen. Im Westen Glasgows, wo der **Gaelic Book Council** beheimatet ist, gibt es eine mehrere tausend Sprecher große Gälischgemeinde. **Radio nan Gàidheal** ist der Radiokanal der BBC, der die gälischsprachige Gemeinschaft zusammenhält. In Glasgow wurde vor einigen Jahren auch die erste rein gälischsprachige Grundschule eröffnet, seitdem sind in Inverness und Edinburgh und einigen anderen Städten des Landes weitere hinzugekommen. In vielen Grundschulen im Lande gibt es mittlerweile gälische Unterrichtszweige. Laut dem letzten Zensus ist die Zahl der Sprecher auf mittlerweile unter 60.000 gefallen. Obwohl Gälisch mittlerweile den Status einer offiziellen Sprache Schottlands hat, der gälische Fernsehsender BBC ALBA Wirklichkeit geworden ist und die gälische Sprache einen überwiegend positiven Ruf im Land genießt, sinkt die Zahl der Sprecher weiter. Diese machen nur noch etwa 1,5 % der Bevölkerung Schottlands aus.

Schottland bildet heute mit England, Wales und Nordirland das Vereinigte Königreich. Seit 1997 besitzen die Schotten wieder ein eigenes Parlament und eine eigene Landesregierung, die für innenpolitische Belange zuständig ist.

Schottisch-Gälisch ist eine nach wie vor lebendige Sprache, die ständig neue Wörter bildet. So zum Beispiel **eadar-lìon** („Internetz“) für „Internet“ und **post-dealain** („Strom-“ oder „Blitzpost“) für „E-Mail“, oder **buaidh an taigh-ghlainne** („Effekt des Glashauses") für „Treibhauseffekt". Diese werden aber oft von Muttersprachlern nicht verstanden. Englische Begriffe und die wortwörtliche Übersetzung ganzer englischer idiomatischer Ausdrücke ins Gälische greifen massiv in die Struktur der Sprache ein und verdrängen die ursprünglichen Begriffe. Dies missfällt vielen Muttersprachlern, ohne dass sich viel dagegen machen lässt.

2003 wurde **Bòrd na Gàidhlig** ins Leben gerufen, eine Behörde, die die Bemühungen zum Erhalt der Sprache stärken soll. Rein rechtlich haben die Gälen zwar den geforderten politisch „sicheren Status“ ihrer Sprache erreicht. Ob der sich aber immer durchsetzen lässt, steht auf einem anderem Blatt. Hierbei gilt es immer wieder, politischen Widerstand im Lande zu überwinden. Schon das Aufstellen von zweisprachigen Ortsschildern kann zu erbitterten Auseinandersetzungen führen, ob der Aufwand zur Erhaltung des Gälischen nicht ein zu teurer Anachronismus ist.

Hinweise zur Benutzung

Schottisch-Gälisch lernen

Der erste Teil zeigt, wie Schottisch-Gälisch „funktioniert" und liefert das Handwerkszeug, um eigene gälische Sätze zu sprechen. Sollten Sie zu den Menschen gehören, die lieber einen Bogen um das Thema Grammatik machen: Keine Sorge! Die wichtigsten Regeln werden auch für Laien verständlich erklärt und mit praktischen Beispielen veranschaulicht. Die Wort-für-Wort-Übersetzung (siehe S.1) hilft dabei, den Satzbau nachzuvollziehen und selbst anzuwenden.

Schottisch-Gälisch sprechen

Im zweiten Teil dreht sich alles ums Sprechen. Für alle möglichen Lebenslagen auf Reisen gibt es Beispiele, in die man nur noch das passende Wort einsetzen muss. Praktische Tipps und Infos zum Reiseland erleichtern das Ankommen. Trauen Sie sich und versuchen Sie Ihre ersten Schritte in der Fremdsprache! Sie zeigen damit Interesse und Respekt – und schon ist das Eis gebrochen, auch wenn man mal einen Fehler macht. Sie werden völlig andere Dinge erleben als „sprachlose" Reisende, und Sie werden feststellen: Sprache öffnet Türen und Herzen.

Den ersten Schritt dazu haben Sie mit diesem Buch bereits in der Hand. Übrigens: In Gesprächen werden kleine Sprachkenntnisse größer!

Am Ende des Buches finden Sie ein Wörterbuch zum Nachschlagen in beiden Richtungen. Die Umschlagklappen geben einen Überblick der wichtigsten Sätze.

Schottisch-Gälisch lernen

Gälisch ist eine in vielerlei Hinsicht ungewöhnliche Sprache. Sie werden in diesem Abschnitt unter anderem mit folgenden Dingen Bekanntschaft machen:

Lenierung: Wörter verändern sich, abhängig von ihrer lautlichen Umgebung und grammatikalischen Bedingungen. Das kennen wir aus dem Deutschen auch: Das „ch" klingt in „ach" (mit dunklem Vokal) anders als in „ich" (mit hellem Vokal). Im Gälischen ist es etwas komplizierter. Man bekommt aber bald ein Gefühl dafür **(siehe S. 16)**.

Verben: Es gibt nur zehn unregelmäßige Verben, diese sind aber dafür richtig unregelmäßig. Und es sind ausgerechnet die am meisten gebrauchten Verben **(siehe S. 42)**.

Es gibt im Gälischen kein Wort für „Ja" und „Nein". Zum Antworten nimmt man die bejahte oder verneinte Form des Verbs **(siehe S. 29)**.

Aussprache, Lautschrift, Betonung

Um es gleich vorweg zu sagen: Die Aussprache des Gälischen ist sehr komplex und erscheint am Anfang unlernbar. Aber Sie werden sehen, dass Sie einen großen Vorteil haben: Wer Deutsch aussprechen kann, der hat mit der gälischen Aussprache viel weniger Probleme als andere. Das ist doch schön, oder? Also los geht's!

Das gälische Alphabet besteht nur aus den folgenden Buchstaben: **a, b, c, d, e, f, g, h, i, l, m, n, o, p, r, s, t, u.** Schottisch-Gälisch benutzt also lediglich 18 Buchstaben des lateinischen Alphabets, ist jedoch in der Lage, damit über 90 Laute darzustellen. Um die exakte Zahl streiten sich die Gelehrten, auf jeden Fall ist keine andere europäische Sprache in der Lage, kreativer mit Buchstaben umzugehen. Ein schottischer Gelehrter hat es einmal so ausgedrückt: Die Buchstaben des Gälischen führen einen permanenten Krieg gegeneinander, aber sie kämpfen nach festen Regeln. Also nicht verzagen, die wichtigsten Ausspracheregeln werden hier kurz erklärt. Um alle zu lernen, braucht es ein paar Jahre und geduldige Gälen, die bereit sind, Ihre Versuche zu ertragen und zu korrigieren.

Vokale

Die Vokale (Selbstlaute) können lang oder kurz ausgesprochen werden. Lang bedeutet wirklich sehr lang, mindestens doppelt so lang wie im Deutschen, und je nachdem, ob ein Wort lang oder kurz gesprochen wird, hat es eine andere Bedeutung.

Lange Vokale werden im Schottisch-Gälischen durch einen Akzent markiert **(à, è, ì, ò, ù).** In der Lautschrift werden sie doppelt geschrieben: *aa, ee, ii, oo, uu.* Es gibt aber eine Ausnahme: Die Präposition **à** (aus). Diese wird kurz gesprochen.

Aussprache			Beispiel		
a	*a*	kurz wie in „Apfel"	**ad**	*att*	Hut
à	*aa*	lang wie in „Abenteuer"	**bàta**	*baata*	Boot
e	*e*	kurz / offen wie in „Bett"	**esan**	*essan*	er
è	*ee*	lang wie in „Beet"	**dè**	*dschee*	was?
i	*i*	kurz wie in „Kind"	**iteag**	*itschak*	Feder
ì	*ii*	lang wie „ie" in „nie"	**mìle**	*miile*	tausend
o	*o*	kurz / offen wie in „Loch"	**doras**	*dorass*	Tür
ò	*oo*	lang wie ein „Boot"	**mòr**	*moor*	groß
u	*u*	kurz wie in „Bus"	**dubh**	*du*	schwarz
ù	*uu*	lang wie in „Tube"	**ùr**	*uur*	neu, frisch

Zwielaute und Dreilaut (Diphthonge und Triphthong)

Aussprache			Beispiel		
ae	*ä*	„ä" wie in „fällen"	**bean**	*bän*	Frau
ao, aoi	*üo*	zwischen „ü" und „o"	**smaoinich**	*smüonich*	denke

Für den Laut **ao / aoi** versucht man, ein „ö" zu sprechen und beginnt dabei zu lächeln. Das sieht dämlich aus, funktioniert aber.

Es würde hier den Rahmen sprengen, alle Vokalkombinationen aufzuführen. Im Zweifel orientieren Sie sich an der Lautschrift. Mit der Zeit werden Sie lernen, jeden Laut richtig auszuspechen, denn das System ist zwar komplex, aber regelmäßig.

Konsonanten

Die Konsonanten (Mitlaute) werden in ihrer Aussprache davon beeinflusst, ob sie von hellen **(e, i)** oder dunklen Vokalen **(a, o, u)** umgeben sind. Das **h** kennzeichnet fast immer Lenierung und kommt außer in einigen Lehnwörtern nicht alleine vor.

	in heller Umgebung **(e, i)**	in dunkler Umgebung **(a, o, u)**
b	„b" wie in „bis" **beinn** *bäin* Berg	„p" wie „Papier" **Alba** *Allepa* Schottland
d	„dsch" wie in „Dschungel" **dearg** *dschärrak* rot	„t" wie in „Ton" **trì** *trii* drei
f	„f" wie in „Feder" **fear** *fär* Mann	„f" wie in „Futter" **fuar** *fuar* kalt
g	„g" wie in „Igel" **gille** *gilje* Junge	„k" wie in „Akademie" **agam** *akam* bei mir
l	„l" wie in „Bielefeld" **Ìle** *iile* Islay	„l" wie in „Lust" **luath** *lua* (schnell)

	in heller Umgebung **(e, i)**	in dunkler Umgebung **(a, o, u)**
ll	etwa wie „li“ in „Familie“ **coille** *koilje* Wald	wie „ll“ in „Ulla“ **seall** *schaull* Schau!
m	„m“ wie in „impfen“ **mìle** *miile* tausend	„m“ wie in „Mutter“ **muile** *mule* Mull
n	„n“ wie in „nein“ **nighean** *ni'en* Mädchen	„n“ wie in „nein“ **nàdar** *naater* Natur
nn	langes „ien“ wie in „Dienstag“ **sinn** *schiin* wir	wie „aun“ in „Sauna“ **annta** *aunta* in ihnen
p	„p“ wie in „Peter“ **pian** *pian* Schmerzen	„p“ wie in „Papier“ **pathadh** *pa'agh* Durst
r	wie engl. „th“ in „this“ **a' fuireach** *a fu*th*ach* wohnen (Lautschrift: th)	gerolltes „r“ wie im Bairischen **aran** *aran* Brot
rr	sehr stark gerolltes „r“ **nàdurrach** *naaterrach* natürlich	–
s	wie „sch“ in „Schule“ **seòladh** *schoolagh* Adresse	wie „ss“ in „Kuss“ **Sasainn** *ssassain* England
t	wie „tsch“ in „klatschen“ **teine** *tschänne* Feuer	wie „t“ in „Tal“ **tuath** *tua* Norden

Vorbehauchung (Präaspiration)

Die Konsonanten **p, t** und **c** ändern im Wortinneren und am Wortende ihre Aussprache. Vor dem Konsonanten wird ein Hauchlaut hinzugefügt, der im Deutschen ungefähr dem Laut „ch“ entspricht. Auch hier hängt die Aussprache von einer hellen oder dunklen Umgebung ab. Ansonsten bleibt die Aussprache von **p, t** und **c** unabhängig davon auch noch erhalten.

	in heller Umgebung **(e, i)**	in dunkler Umgebung **(a, o, u)**
p	wie „ch + p“ in „ich passe“ **snèip** *sneechp* Rübe	wie „ch + p“ in „Wachposten“ **cupa** *kuchpa* Tasse
t	wie „chtsch in „Lichtschimmer“ **litir** *lichtschi*[th] Brief	wie „cht“ in „Achtung“ **cat** *kacht* Katze
c	wie „chk“ in „Mönchkutte“ **tric** *trichk* oft	wie „chk“ in „ach Karl“ **aca** *achka* bei ihnen

Lautkombinationen

Aussprache		Beispiel	
chd *chk*	wie „chk“ in „ach Karl“	**seachdain** *scheachkin*	Woche
rt *rscht*	wie „rscht“ in „Wurscht“	**ort** *orscht*	auf dir
cn *kr*	wie „kr“ in „Krach“	**cnoc** *krochk*	Hügel
gn *gr*	wie „ gr“ in „grau“	**gnogadh** *grokagh*	klopfen
t-sn *tr*	wie „tr“ in „treten“	**anns an t-sneachd** *auns an treachk*	im Schnee

Anlautveränderung (Lenierung)

Schottisch-Gälisch ist in der Lage, auch den Wortanfang zu verändern, indem Anfangsbuchstaben (nur bei Konsonanten) ein **h** nachgestellt wird. Sobald diese Kombination irgendwo auftaucht, spricht man von **Lenierung:** Die Aussprache wird weicher. Der Buchstabe **h** kann nie alleine vorkommen, er zeigt immer eine Lenierung an! Im Deutschen haben wir einen der Lenierung vergleichbaren Vorgang, wir denken nur nicht darüber nach. So wird

c + h anders ausgesprochen als **c**, und außerdem unterschiedlich nach dunklem („Nacht") oder hellem Vokal („nicht"). Das gleiche galt für **p + h** in den Zeiten der „Photographie".

Konsonanten können leniert werden: **b, c, d, f, g, m, p, s, t.** Das Ergebnis ist dann: **bh, ch, dh, fh, gh, mh, ph, sh, th.** Diese lenierten Konsonanten kommen nicht nur an Wortanfängen, sondern auch im Wortinneren und am Wortende vor. Je nach ihrer Position im Wort und ihrer lautlichen Umgebung werden sie unterschiedlich ausgesprochen. Am Wortanfang werden die lenierten Konsonanten wie folgt ausgesprochen:

	in heller und dunkler Umgebung gleichermaßen			
bh	„w" wie in „Welle"	**a' bhean**	*a wän*	die Frau
fh	fast immer stumm	**an fheusag**	*an iassak*	der Bart
mh	„w" wie in „Welle"	**mo mhac**	*mo wachk*	mein Sohn
ph	„f" wie in „Foto"	**do pheann**	*do fjaun*	dein Stift
sh	„h" wie in „Hemd"	**sheinn mi**	*häinn mi*	ich sang
th	„h" wie in „Hemd"	**tha** **thu**	*ha* *u*	ist du

Einzige Ausnahme: **thu** (du) wird immer wie „u" ausgesprochen!

	in heller Umgebung **(e, i)**	in dunkler Umgebung **(a, o, u)**
ch	„ch" wie in „Nichte" **mo cheile** *mo cheele* mein Partner	„ch" wie in „Nacht" **mo chàr** *mo chaar* mein Auto
dh	„j" wie in „jippie!" **dhi** *jii* von ihr	geriebenes „g" wie in (berlinerisch:) „Wagen" **a dhà** *a ghaa* zwei
gh	„j" wie in „jeder" **mo ghille** *mo jilje* mein Junge	geriebener „g"-Laut wie bei **dh ghabh mi** *ghaaw mi* ich nahm

Die Laute **dh** und **gh** in dunkler Vokal-Umgebung **(a, o, u)** sind für Deutsche schwierig auszusprechen, da sie in unserer Sprache nicht vorkommen. Hier eine kleine Hilfe, wie man den Laut bilden kann: Sagen Sie laut „Gaaaaaa". Sprechen Sie zwischen dem „g" und dem „a" ein „h". Hierdurch wird das „g" weicher. Lassen Sie nun das „a" weg. In der Lautschrift wird die Kombination **dh** bzw. **gh** in dunkler Umgebung als *gh* wiedergegeben.

In der Grammatik wird auf die Lenierung jeweils hingewiesen. Wörter, die Lenierung auslösen, sind mit einem ° gekennzeichnet. Hier nur die wichtigsten Faustregeln:

Weibliche Nomen lenieren das **folgende** zugehörige **Adjektiv** im **Nominativ** und **Dativ**.

Männliche Nomen lenieren das **folgende** zugehörige **Adjektiv** im **Genitiv** und **Dativ**.

Der **bestimmte Artikel** leniert das **männliche Nomen** im **Genitiv** und **Dativ**, das **weibliche Nomen** im **Nominativ** und **Dativ**.

Vorangestellte Adjektive lenieren das **nachfolgende** dazugehörige **Hauptwort**.

Das **Verb** in der einfachen **Vergangenheit** leniert seinen ersten Buchstaben.

Die **Zahlen aon-** (1) und **dà-** (2) lenieren das **folgende Wort** (siehe auch „Zahlen").

Die Regeln sind leider sehr komplex. Lassen Sie sich dadurch nicht entmutigen, und versuchen Sie nicht gleich, alles auswendig zu lernen. Sollten Sie sich bei der Anlautveränderung unsicher sein, lassen Sie sie weg. Sie werden im Zweifel auch so verstanden.

Vokalharmonie: hell zu hell und dunkel zu dunkel

Im Schottisch-Gälischen gibt es, wie bereits beschrieben, helle und dunkle Konsonanten, das heißt, dass ihnen entweder helle bzw. dunkle Vokale voranstehen bzw. folgen. Da ein Konsonant nicht hell und dunkel zugleich sein kann, wird er entweder nur von hellen oder nur von dunklen Vokalen umgeben. Im Gälischen heißt diese Rechtschreibregel **caol ri caol is leathann ri leathann** (schmal zu schmal und breit zu breit), also „hell zu hell und dunkel zu dunkel". Bis auf wenige Ausnahmen gilt diese Vokalharmonie grundsätzlich. Zwei Beispiele:

cupa Tasse	das **u** und das **a** sind beide dunkel
sùilean Augen	das **l** ist von hellen Vokalen umgeben

Das sieht dann bei Lehnwörtern ganz lustig aus und hilft außerdem, das Lautsystem zu verstehen.

seòclaid	*schochklitsch*	Schokolade
manaidsear	*manädscher*	Manager

Verstanden? – *Bhundairbeàr!* (Wunderbar!)
Nicht? Dann erstmal einen trinken und die Nerven beruhigen.

Helle und dunkle Silben

Sehr oft werden hier Sie die Begriffe „helle / dunkle Silbe" bzw. „helle / dunkle Endung" lesen. Wenn der letzte Vokal der letzten Silbe hell ist, spricht man von einer hell endenden Silbe:

ceithir	*kehith*	vier

Wenn der letzte Vokal der letzten Silbe dunkel ist, spricht man von einer dunkel endenden Silbe:

beul	*bial*	Mund

Apostroph

Der Apostroph zeigt an, dass ein Buchstabe ausgelassen wurde oder entfällt. Das sieht man z. B. beim weiblichen Artikel **a'** (die), der eine Kürzung von **an** darstellt. Häufig wird auch das Bindewort **agus** *ages* (und) in einer Aufzählung zu **'s** gekürzt. Auch die Vorsilbe **ag** wird bei Verbalnomen zu **a'** gekürzt, wenn diese mit einem Konsonanten beginnen.

Rechtschreibreform

Seit Anfang der 1980er Jahre gilt im Schottisch-Gälischen eine neue Rechtschreibung, die mit ähnlichen Problemen kämpft wie die deutsche. Das heißt, bis auf Schulen und Hochschulen halten sich nicht alle daran, manche nur manchmal, und einige immer oder grundsätzlich überhaupt nicht. Dieser Kauderwelsch-Band richtet sich im Großen und Ganzen nach der neuen Rechtschreibung.

Betonung

Schottisch-gälische Wörter werden fast immer auf der ersten Silbe betont. Auf die wenigen Ausnahmen in diesem Band wird besonders hingewiesen. Und jetzt kann es losgehen!

Ceud mìle fàilte don Ghàidhlig!
kiat miile faaltsche don Ghaalik
hundert tausend Gruß zu-dem° Gälisch-3
Herzlich Willkommen beim Gälischen!

Nomen

Nomen (Hauptwörter, Substantive) können männlich oder weiblich sein. Sächliche Nomen gibt es nicht. In den Wörterlisten werden männliche Nomen durch „(m)“ und weibliche durch „(w)“ gekennzeichnet. Männliche Nomen enden auf dunkle Silben **(a, o, u)**, weibliche Nomen enden auf helle Silben **(e, i)**. Dies trifft auf ungefähr 80 % der gälischen Nomen zu.

Es gibt folgende Ausnahmen: Das biologische Geschlecht bestimmt oft das grammatische, so ist z. B. **athair** (Vater) und **bràthair** (Bruder) männlich, und **bean** (Frau) weiblich. Die Verkleinerungsformen **-ag / -achd** sind immer weiblich, obwohl sie dunkel enden. Dann bleibt der Rest der Unregelmäßigen, den man einfach lernen muss. Aber machen sie sich keinen Stress. Jeder weiß, dass das schwer ist, und man wird Ihnen verzeihen, wenn hier etwas durcheinander läuft.

Mehrzahl

Die Mehrzahl aller Nomen bildet man wie folgt: Ist der letzte Vokal in der letzten Silbe ein dunkler Vokal, wird die Endung **-an** angehängt.

eilean	*ällan*	Insel
eileanan	*ällanen*	Inseln

Ist der letzte Vokal in der letzten Silbe ein heller Vokal, wird die Endung **-ean** angehängt. An der Aussprache ändert sich dadurch jedoch nichts.

taigh	*tai*	Haus
taighean	*tähen*	Häuser

Diese Regel trifft ebenfalls auf ca 80 % aller Nomen zu.

Viele Nomen, die auf **-an** oder **-ach** enden, hellen die letzte Silbe auf, um die Mehrzahl zu bilden. Es wird also ein **-i-** nach dem letzten (dunklen) Vokal der letzten Silbe eingefügt.

bodach	*botach*	Greis
bodaich	*botich*	Greise
òran	*ooran*	Lied
òrain	*ooren*	Lieder

Viele einsilbige Nomen tauschen ihre Vokale vollständig aus, um die Mehrzahl zu bilden.

bòrd	*boorschd*	Tisch
bùird	*buurschd*	Tische
ceann	*keaun*	Kopf
cinn	*kiin*	Köpfe

Nomen (und ebenso Adjektive) werden im Schottisch-Gälischen gebeugt (mehr dazu im Kapitel „Von Fall zu Fall: Die Beugung“).

Der, die, das – Dieses und Jenes

Im Schottisch-Gälischen gibt es nur den bestimmten Artikel **an**. Er entspricht dem deutschen „der“, „die“ oder „das“. Einen unbestimmten Artikel („ein, eine“) gibt es nicht.

Der, die, das

taigh	*tai*	Haus, ein Haus (unbestimmt)
an taigh	*an tai*	das Haus (bestimmt)

Je nach grammatischem Geschlecht und Fall des Wortes und dessen Anfangsbuchstaben verändert sich allerdings auch die Form des Artikels. Weibliche Nomen werden durch den Artikel leniert.

Dieses und Jenes

Die Demonstrativpronomen (hinweisenden Fürwörter) **seo** *scho* (diese, -r, -s) sowie **sin** *schinn* (jene, -r, -s) stehen nach dem Nomen. Sie lauten für männliche und weibliche Nomen gleich. Das Nomen steht mit Artikel. Etwas, das weiter weg ist, wird mit **ud** *ut* (jene, -r, -s dort) bezeichnet.

am fear seo
am fär scho
der Mann dieser
dieser Mann

a' bhean sin
a wän schinn
die Frau jene
diese Frau

am balach ud
am ballach ut
der Junge jener-dort
jener Junge dort

Adjektive

Die Adjektive (Eigenschaftswörter) werden dem Nomen, auf das sie sich beziehen, meistens nachgestellt. Bei weiblichen Nomen werden die zugehörigen Adjektive – wenn möglich – leniert. Das Adjektiv macht alle Fallbeugungen des Nomens mit (siehe auch Kapitel „Von Fall zu Fall – Die Beugung“).

am balach beag
am ballach bäk
der Junge klein
der kleine Junge

an nighean bheag
an ni'en wäk
das Mädchen° klein
das kleine Mädchen

Es gibt einige Adjektive, die dem Nomen vorangestellt werden und dieses dann auch noch lenieren. In diesem Fall lassen sie sich nicht steigern, und sie bilden auch keine Mehrzahlform. Hier diejenigen, die man sich merken sollte:

seann°	*schaun*	alt
droch°	*droch*	schlecht
deagh°	*dschoo*	schön
fìor°	*fiir*	wirklich

Le deagh dhùrachd!
lä dschoo ghuurachk
mit schön° Gruß
Mit freundlichem Gruß!
(in Brief oder Postkarte)

Tha an seann chàr briste.
ha an schaun chaar brischtsche
ist das alt° Auto kaputt
Das alte Auto ist kaputt.

Abair droch shìde an-diugh!
ape[th] droch hiidsche an dschiju
sag schlecht° Wetter heute
Was für ein schlechtes Wetter heute!

Tha sin fìor mhath!
ha schin fiir wa
ist jenes wirklich° gut
Das ist wirklich gut!

Personalpronomen

Im Schottisch-Gälischen gibt es neben den einfachen Personalpronomen (persönlichen Fürwörtern) auch betonte (verstärkte) Formen. Das unpersönliche „es" wird jeweils durch **e** für männliche Nomen und **i** für weibliche Nomen ausgedrückt. „Es ist schön." (gemeint ist das Wetter) wird im Gälischen somit zu „Sie ist schön.", da das Wetter weiblich ist. Die betonten Formen werden beispielsweise benutzt, um einen Kontrast auszudrücken.

einfach		
ich	**mi**	*mi*
du	**thu**	*u*
er	**e**	*ä*
sie	**i**	*i*
wir	**sinn**	*schiin*
ihr	**sibh**	*schiiw*
sie (Mz)	**iad**	*iat*

betont		
ich	**mise**	*mische*
du	**thusa**	*ussa*
er	**esan**	*ässan*
sie	**ise**	*ische*
wir	**sinne**	*schiinje*
ihr	**sibhse**	*schiiwsche*
sie (Mz)	**iadsan**	*iadsen*

Tha mise trang ach tha thusa leisg.
ha mische trang ach ha ussa läschk
ist ich fleißig aber ist du faul
Ich bin fleißig, aber du bist faul.

Thu *u* und **thusa** *ussa* werden zu **tu** *tu* und **tusa** *tussa,* wenn das vorangegangene Verb auf **-s** endet. Die betonten Formen der persönlichen Fürwörter werden zudem oft mit dem Verb **is** verwendet.

Is tusa Anndra.
is tussa Aundra
ist du Andreas
Du bist Andreas.

Ciamar a tha sibh?
kimmer a ha schiiw
wie das ist ihr
Wie geht es Ihnen (euch)?

Im Schottisch-Gälischen wird zwischen „du“ und „Sie“ unterschieden, nur mit dem Unterschied, dass in Schottland nicht „gesiezt“, sondern „geeucht“ wird. In der Mehrzahl ist die Anrede dann für Gesiezte und Geduzte gleich.

Das Verb „bi“ (sein)

Im Gälischen gibt es zwei Verben, die dem deutschen Verb „sein“ entsprechen: **bi** *bi* und **is** *is*. **Bi** benutzt man bei Beschreibungen und Empfindungen, und **is,** wenn man eine Identifizierung vornehmen will (siehe auch Kapitel „Das Verb „is“ (sein)”). **Bi** wird auch als Hilfsverb benutzt, um zusammen mit dem Verbalnomen die Verlaufsform zu bilden.

Aussageformen von bi

Ebenso wie alle anderen Verben hat **bi** *bi* für jede Zeit eine eigene Form, die aber nicht nach der handelnden Person gebeugt wird. Das macht die Sache relativ einfach. Die Satzstellung ist „Verb – Subjekt – Objekt“ (Tätigkeitswort – persönliches Fürwort – Satzergänzung). Das persönliche Fürwort ist der Zeitform des Verbs immer nachgestellt.

Gegenwart

Die Gegenwartsform von **bi** *bi* lautet **tha** *ha*.

tha mi	*ha mi*	*ist ich*	ich bin
tha thu	*ha u*	*ist du*	du bist
tha e	*ha ä*	*ist er*	er ist
tha i	*ha ii*	*ist sie*	sie ist
tha sinn	*ha schiin*	*ist wir*	wir sind
tha sibh	*ha schiiw*	*ist ihr*	ihr seid
tha iad	*ha iad*	*ist sie*	sie sind

Vergangenheit

Die Vergangenheitsform von **bi** *bi* lautet **bha** *wa*.

bha mi	*wa mi*	*war ich*	ich war
bha thu	*wa u*	*war du*	du warst
bha e	*wa ä*	*war er*	er war
bha i	*wa ii*	*war sie*	sie war
bha sinn	*wa schiin*	*war wir*	wir waren
bha sibh	*wa schiiw*	*war ihr*	ihr wart
bha iad	*wa iad*	*war sie*	sie waren

Zukunft

Die Zukunftsform von **bi** *bi* lautet **bidh** *bii*.

bidh mi	*bii mi*	*sein-werden ich*	ich werde sein
bidh thu	*bii u*	*sein-werden du*	du wirst sein
bidh e	*bii ä*	*sein-werden er*	er wird sein
bidh i	*bii ii*	*sein-werden sie*	sie wird sein
bidh sinn	*bii schiin*	*sein-werden wir*	wir werden sein
bidh sibh	*bii schiiw*	*sein-werden ihr*	ihr werdet sein
bidh iad	*bii iad*	*sein-werden sie*	sie werden sein

Mit der Zukunftsform werden nicht nur in der Zukunft stattfindende einmalige Handlungen beschrieben, sondern auch solche, die in der Gegenwart und in der Zukunft immer wieder ablaufen.

Tha mi sgìth.
ha mi skii
ist ich müde
Ich bin müde.
(gerade jetzt)

Bidh mi sgìth.
bii mi skii
sein-werden ich müde
Ich werde müde sein. /
Ich bin ständig müde.

Tha Sèoras aig an taigh.
ha Schooras äk an tai
ist Georg bei dem-3° Haus-3
Georg ist zu Hause.

Bha Màiri ann an Glaschu.
wa Maathi aun an Glassechu
war Maria in (-) Glasgow
Maria war in Glasgow.

Bidh mi anns an Eilean Sgitheanach gach bliadhna.
bii mi auns an Ällan Ski'anach gach bliana
sein-werden ich in der-3° Insel-3 Skye-3 jedes Jahr
Ich bin jedes Jahr auf Skye.
(wiederholt in Gegenwart und Zukunft)

Abhängige Formen von bi

Um mit dem Verb **bi** Fragen zu stellen und diese zu bejahen und zu verneinen, benötigt man die so genannte „abhängige Form" des Verbs. Diese heißt so, weil sie von irgendetwas abhängig ist, z. B. einem Fragewort, einer Verneinung oder einer Präposition (Verhältniswort). Darüber hinaus sind sowohl die abhängige Form als auch die Aussageform nötig, um im Gälischen Ja und Nein sagen zu können, da es diese Wörter so ja nicht gibt. Die abhängigen Formen von **bi** lauten:

	Aussageform		abhängige Form	
Gegenwart	**tha**	*ha*	**bheil / eil**	*wäil / äil*
Vergangenheit	**bha**	*wa*	**robh**	*ro*
Zukunft	**bidh**	*bii*	**bi / bhi**	*bi / wi*

Die folgende Übersicht zeigt Beispiele für die Verwendung der abhängigen Formen:

Gegenwart		
gu bheil	*gu wäil*	*dass ist*
nach eil	*nach äil*	*dass-nicht ist*
a bheil	*a wäil*	*FP ist*
chan eil	*chan jäil*	*nicht° ist*
Vergangenheit		
gun robh	*gun ro*	*dass war*
nach robh	*nach ro*	*dass-nicht war*
an robh	*an ro*	*FP war*
cha robh	*cha ro*	*nicht° war*
Zukunft		
gum bi	*gum bi*	*dass sein-werden*
nach bi	*nach bi*	*dass-nicht sein-werden*
am bi	*am bi*	*FP sein-werden*
cha bhi	*cha wi*	*nicht° sein-werden*

„FP“ in der Wort-für-Wort-Übersetzung bedeutet „Fragepartikel“. Die Fragepartikeln **A, an** und **am** haben keine eigene Wortbedeutung, sondern nur die Funktion, eine Frage einzuleiten.

„ja“ und „nein“ mit bi

Das Schottisch-Gälische hat generell kein Wort für Ja und Nein. Will man eine mit **bi** gestellte Frage bejahen, so antwortet man mit der Aussageform des Verbs. Will man sie hingegen verneinen, benutzt man die Verneinungspartikel **cha** *cha* (nicht) und die abhängige Form des Verbs. Dabei wird die abhängige Form leniert, wenn möglich (Ausnahme: keine Lenierung bei **d** und **t**)

A bheil thu sgìth?
a wäil u skii
FP ist du müde
Bist du müde?

mögliche Antworten

Tha.	**Chan eil.**
ha	*chan jäil*
ist	*nicht° ist*
Ja.	Nein.

An robh e math?
an ro ä ma
FP war er/es gut
War er / es gut?

Darauf kann geantwortet werden mit:			
Bha.	*wa*	*war*	Ja.
Cha robh.	*cha ro*	*nicht° war*	Nein.

Am bi thu ann?
am bi u aun
FP sein-werden du in
Wirst du da sein?

Darauf kann geantwortet werden mit:			
Bidh.	*bii*	*sein-werden*	Ja.
Cha bhi.	*cha wi*	*nicht° sein-werden*	Nein.

Die Verlaufsform

Mit der Verlaufsform drückt man Handlungen aus, die gerade stattfinden und länger andauern, und zwar in der Gegenwart, Vergangenheit oder Zukunft. Sie entsprechen den englischen Formen mit „-ing" („I am doing" usw.). Eine Verlaufsform ist im Hochdeutschen nicht gebräuchlich. Man findet sie manchmal in der Umgangssprache oder in Dialekten, z. B. im Rheinland („ich bin am Arbeiten"). Daher wird sie scherzhaft die rheinische Verlaufsform genannt. Übrigens: Die Gegenwart kann im Schottisch-Gälischen nur durch die Verlaufsform ausgedrückt werden. Es gibt keine Form für die einfache Gegenwart (z. B. „ich arbeite").

Um im Gälischen die Verlaufsform zu bilden, benötigt man das so genannte Verbalnomen (Tätigkeitshauptwort), das zusammen mit den Zeitformen des Hilfsverbs **bi** (sein) und der Präposition **aig** (bei) den Verlauf einer Tätigkeit ausdrückt. Die Präposition **aig** wird je nach lautlicher Umgebung zu **ag** oder **a'** verkürzt. Beginnt das Verbalnomen mit einem Konsonanten, lautet die Form **a',** beginnt es mit einem Vokal, lautet die Form **ag.**

Die Verlaufsform setzt sich so zusammen: Aussageform von **bi** (in der gewünschten Zeitstufe) + Person + **ag / a'** + Verbalnomen. Natürlich kann noch ein Objekt (Satzergänzung) hinzugefügt werden.

Tha Calum a' draibheadh.
ha Kalum a draiwagh
ist Calum bei Fahren
Calum fährt.

Tha Calum a' draibheadh càr.
ha Kalum a draiwagh kaar
ist Calum bei Fahren Auto
Calum fährt ein Auto.

Das Verbalnomen steht in der Wörterliste jeweils in eckigen Klammern nach dem Wortstamm des Verbs, von dem es abgeleitet wird. In der Wort-für-Wort-Übersetzung wird es groß geschrieben.

Die Formulierung als Frage sowie die Antworten mit Ja und Nein funktionieren genauso wie in den Beispielen mit **bi** (siehe oben).

Tha e ag ionnsachadh Gàidhlig.
ha ä ag iunssachagh Gaalik
ist er bei Lernen Gälisch
Er lernt Gälisch.

A bheil e ag ionnsachadh Gàidhlig?
a wäil ä ag iunsachagh Gaalik
FP ist er bei Lernen Gälisch
Lernt er Gälisch?

Darauf kann geantwortet werden mit:			
Tha.	*ha*	*ist*	Ja.
Chan eil.	*chan jäil*	*nicht° ist*	Nein.

Bha mi a' dèanamh cofaidh.
wa mii a dscheeanaw koffi
war ich bei Machen Kaffee
Ich machte Kaffee.

An robh thu a' dèanamh cofaidh?
an ro u a dscheeanaw koffi
FP warst du bei Machen Kaffee
Hast du Kaffee gemacht?

Darauf kann geantwortet werden mit:			
Bha.	*wa*	*war*	Ja.
Cha robh.	*cha ro*	*nicht° war*	Nein.

Bidh mi a' snàmh.
bii mi a snaaw
sein-werden ich bei Schwimmen
Ich werde schwimmen.

Am bi thu a' snàmh?
am bi u a snaaw
FP sein-werden du bei Schwimmen
Wirst du schwimmen?

Darauf kann geantwortet werden mit:			
Bidh.	*bii*	*sein-werden*	Ja.
Cha bhi.	*cha wi*	*nicht° sein-werden*	Nein.

Die einfache Vergangenheit und Zukunft werden im Kapitel „Regelmäßige Verben und Zeiten“ vorgestellt.

Das Verb „is“ (sein)

Is (sein) ist ein häufig benutztes Verb und hat leider die Tendenz, sich in anderen Wörtern zu „verstecken“, so dass man es nicht mehr findet. Gerade für Lernende ist es sehr ärgerlich, wenn eine Satzstruktur mühsam begriffen wurde, und dann plötzlich das Verb „verschwunden“ zu sein scheint.

Das Verb **is** ist nur in zwei Formen gebräuchlich: **is** (ist) für die Gegenwart, und **bu** *bu* (war, wäre) für die Vergangenheit bzw. für den Konjunktiv (Möglichkeitsform). **Bu** leniert das folgende Wort, außer wenn dieses mit **d** oder **t** beginnt. Dies wird später bei den Modalverben wichtig.

is	*is*	*ist*	ist
bu	*bu*	*war°*	war / wäre
an	*an*	*FP-ist*	ist?
am bu	*am bu*	*FP war°*	war / wäre?
cha	*cha*	*nicht°-ist*	ist nicht
cha bu	*cha bu*	*nicht° war°*	war / wäre nicht

Achtung: **an** kann zum einen der männliche Artikel oder die Fragepartikel sein, zum anderen aber auch die abhängige Form von **is.** Hierbei verschmilzt sie mit der Fragepartikel und dem Verneinungswort, so dass man es nicht mehr erkennt! Beachten Sie außerdem: **bu** wird durch **cha** nicht leniert!

Is benutzt man, um zwei Nomen (Personen, Gegenstände) in eine identifizierende Relation zueinander zu setzen: „A ist B“. Inhaltlich dient diese Konstruktion häufig dazu, Feststellungen zu treffen. Im folgenden Beispiel **Is mise Mìcheal** lautet die Feststellung: „Ich bin Michael“ (und eben nicht Mary). Darüber hinaus werden oft die betonten Formen der persönlichen Fürwörter verwendet. In der Umgangssprache wird **is** häufig zu **'s** verkürzt.

An tusa Màiri?
an tussa Maa^th^i
FP-ist du Mary
Bist du Mary?

Darauf kann geantwortet werden mit:			
'S mi.	*smi*	*ist ich*	Ja.
Cha mhi.	*cha wi*	*nicht°-ist ich*	Nein.

Is mise Mìcheal.
is mische Miichal
ist ich Michael
Ich bin Michael.

An e sin Port Rìgh?
an ä schinn Porscht Rii
ist er jenes Portree
Ist das Portree?

mögliche Antworten

'S e.	**Chan e.**
schä	*chan jä*
ist er	*nicht°-ist er*
Ja.	Nein.

Bei einigen Formulierungen muss der Satz anders als im Deutschen konstruiert werden. Hier kommt die Relativpartikel **a** ins Spiel. Die Relativpartikel wird in der Wort-für-Wort-Übersetzung mit „welche, -r, -s“ übersetzt.

'S e tìdsear a tha ann am Mìcheal.
schä tiidscher a ha aun am Miichel
ist er Lehrer welcher ist in (-) Michael
Michael ist ein Lehrer.

'S e Seumas an t-ainm a th'orm.
schä Schemas an tännem a horrem
ist er James der Name welcher ist auf-ich
Ich heiße James.

'S e baile brèagha a tha ann an Inbhir Nis.
schä bale bri'a a ha aun an Injir Nisch
ist er Stadt schön welche ist in (-) Inverness
Inverness ist eine schöne Stadt.

Sin mo bhean.
schinn mo wän
jene meine° Frau
Das ist meine Frau.

Idiomatische Ausdrücke

Viele feststehende Ausdrücke werden mit **is** + Adjektiv / Nomen + Verhältniswort gebildet:

is toil le	*s toll lä*	*ist Wunsch mit*	mögen
is beag air	*s bäk ä*[th]	*ist klein auf*	hassen
is fhèarr le	*schaar lä*	*ist besser mit*	bevorzugen
is coma le	*s koma lä*	*ist egal mit*	egal sein

Regelmäßige Verben und Zeiten

Zur Bildung der einfachen Zeitstufen Vergangenheit und Zukunft geht man im Gälischen vom Verbstamm aus. Der wird in einem Wörterbuch immer zuerst genannt. Auch in den Wörterlisten des vorliegenden Bandes wird dies so gehandhabt.

Verbstamm und Befehlsform

Der Verbstamm entspricht der Befehlsform Einzahl. Für deren Verneinung (= Verbot) wird ein **na** vorangestellt. Die Mehrzahl bildet man, indem man **-ibh** an einen hell endenden Stamm und **-aibh** an einen dunkel endenden Stamm anhängt.

Von der Befehlsform (genauer gesagt, vom gleichlautenden Verbstamm) können alle anderen Zeiten gebildet werden. Einzige Ausnahme ist die Gegenwart, die ja nur mit Hilfe der Verlaufsform ausgedrückt werden kann.

òl!	*ool*	trink!
na òl!	*na ool*	trink nicht!
òlaibh!	*ooliw*	trinkt!
na òlaibh!	*na ooliw*	trinkt nicht!

ceannaich!	*keannich*	kauf!
na ceannaich!	*na keannich*	kauf nicht!
ceannaichibh!	*keannichiw*	kauft!
na ceannaichibh!	*na keannichiw*	kauft nicht!

Vergangenheit

Um die Vergangenheitsform (Aussageform) zu bilden, wird der erste Konsonant des Verbstamms leniert, soweit dies möglich ist. Danach folgt das persönliche Fürwort. Nicht immer beginnt der Verbstamm mit einem Konsonanten. Verbstämmen, die mit einem Vokal beginnen, wird **dh'** vorangestellt.

Die zur Aussage zugehörige Frage wird genauso wie der entsprechende Aussagesatz gebildet, nur mit dem Unterschied, dass zunächst die Fragepartikel **an** (abgekürzt: FP) und danach die Vergangenheitspartikel **do** (abgekürzt: V) dem Satz vorangestellt wird.

Im Gälischen gibt es, wie gesagt, kein Wort für Ja und Nein. Möchte man auf eine Frage, die in der Vergangenheit steht, mit Ja antworten, so wiederholt man das Verb in seiner Aussageform. Möchte man die Frage hingegen verneinen, benutzt man die Verneinung **cha** in Kombination mit der abhängigen Form des Verbs. Diese besteht aus der Vergangenheitspartikel **do** + Aussageform. Dieses **do** (in der Wort-für-Wort-Übersetzung „V") hat übrigens nichts mit dem Verhältniswort **do** zu tun. Die Fragepartikel **an** hat auch nichts mit dem bestimmten Artikel **an** zu tun. Das kann man wunderbar verwechseln!

Partikeln sind übrigens grammatische Funktionsträgerwörtchen ohne eigene Wortbedeutung, z. B. die Fragepartikel, die den Satz lediglich als Frage kennzeichnet, und die Vergangenheitspartikel, die den Satz in die Vergangenheit stellt.

Hier Aussagesatz, Frage und Antworten mit Ja und Nein im Überblick:

Verb beginnt mit lenierbarem Konsonanten **(b, c, d, g, m, p, t, s),** hier am Beispiel **ceannaich** (kauf!) gezeigt.

Cheannaich mi bainne.
cheannich mi bannje
kaufte ich Milch
Ich kaufte Milch.

An do cheannaich thu ... ?
an do cheannich u ...
FP V kaufte du ...
Kauftest du ... ?

Darauf kann geantwortet werden mit:			
Cheannaich.	*cheannich*	*kaufte*	Ja.
Cha do cheannaich.	*cha do cheannich*	*nicht° V kaufte*	Nein.

Wenn das Verb mit einem Vokal **(a, e, i, o, u)** beginnt, wird diesem ein **dh'** vorangestellt, hier am Beispiel **ith** (iss!) gezeigt:

Dh'ith mi iasg an-dè.
jich mi iask an-dschee
aß ich Fisch gestern
Ich aß gestern Fisch.

An do dh'ith e aran?
an do jich ä aran
FP V aß er Brot
Aß er Brot?

Darauf kann geantwortet werden mit:			
Dh'ith.	*jich*	*aß*	Ja.
Cha do dh'ith.	*cha do jich*	*nicht° V aß*	Nein.

Da bei der Lenierung von **f** zu **fh** das **f** stumm wird, behandelt man Verben, die mit **f** beginnen, so, als würden sie mit einem Vokal beginnen. Dem **fh** wird also ein **dh'** vorangestellt, hier am Beispiel **fosgail** (öffne!) gezeigt.

Beginnt das Verb mit **l, n, r** oder **sg, sm, sp, st,** dann ändert sich am Wortanfang nichts, da diese Buchstaben nicht lenieren können, hier am Beispiel **sgrìobh** (schreib!) gezeigt.

Dh'fhosgail mi an uinneag.
ghoskal mi an unnjak
öffnete ich das Fenster
Ich öffnete das Fenster.

Sgrìobh mi litir.
skriiw mi lichtschith
schrieb ich Brief
Ich schrieb einen Brief.

Zukunft

Die Zukunft kann mehrere Bedeutungen haben:

a) Es wird etwas geschehen; b) Es kann etwas geschehen; c) Es geschieht ständig etwas.

Die Zukunftsform wird wie die Vergangenheit vom Verbstamm ausgehend gebildet. Bei dieser Zeitstufe wird jedoch eine Endung an den Stamm angehängt (am Wortanfang ändert sich nichts). Die Endung lautet **-idh,** wenn der Verbstamm auf einer hellen Silbe endet, bzw. **-aidh,** wenn der Verbstamm auf einer dunklen Silbe endet. Die abhängige Form in der Zukunft ist mit dem Stamm des Verbs (der Befehlsform Einzahl) identisch.

Ceannaichidh mi bainne.
keannichi mi bannje
kaufen-werden ich Milch
Ich werde Milch kaufen. / Ich kann Milch kaufen. /
Ich kaufe immer Milch.

An ceannaich thu bainne?

an keannich u bannje

FP kaufen-werden ich Milch

Werde ich Milch kaufen? / Kann ich Milch kaufen?

Darauf kann geantwortet werden mit:			
Ceannaichidh.	*keannichi*	*kaufen-werden*	Ja.
Cha cheannaich.	*cha cheannich*	*nicht° kaufen-werden*	Nein.

Sgrìobhaidh sinn post-dealain.

skriiwi schiin post-dälain

schreiben-werden wir Post-Strom

Wir werden / können eine E-Mail schreiben.

An sgrìobh sibh càirt?

an skriiw schiiw kaarscht

FP schreiben-werden ihr Karte

Werdet ihr eine Karte schreiben?

Darauf kann geantwortet werden mit:			
Sgrìobhaidh.	*skriiwi*	*schreiben-werden*	Ja.
Cha sgrìobh.	*cha skriiw*	*nicht schreiben-werden*	Nein.

Relatives Futur

Mit dem Begriff „relatives Futur" bezeichnet man eine besondere Zukunftsform der Verben, die immer dann benutzt wird, wenn dem Verb ein Relativpronomen (der, die, das; welche, -r, -s) vorausgeht. Es wird gebildet, indem man den Verbstamm leniert (außer **d, t**) und daran die Endung **-as** bei dunkel endenden bzw. **-eas** bei hell endenden Wörtern anhängt. Verben, die mit einem Vokal beginnen, stellen **dh'** voran.

Das persönliche Fürwort **thu** verändert seine Form nach dem relativen Futur zu **tu.** Die anderen persönlichen Fürwörter ändern sich nicht.

an t-uisge a dh'òlas tu
an tüschke a ghoolas tu
das Wasser welches trinken-werden du
das Wasser, welches du trinken wirst

an ticead a cheannaicheas mi
an tichket a cheanniches mi
der Fahrschein welchen kaufen-werden ich
den Fahrschein, den ich kaufen werde

an leabhar a leughas mi
an ljo'or a lee'as mi
das Buch welches lesen-werden ich
das Buch, welches ich lesen werde

an duine a bhios ann
an dünje a wias aun
der Mann welcher sein-werden da
der Mann, der da sein wird

Besonders wichtig wird das relative Futur im Kapitel „Fragewörter", da diesen fast immer das Relativpronomen folgt.

Unregelmäßige Verben

Es gibt im Schottisch-Gälischen nur zehn unregelmäßige Verben, die dafür aber sehr unregelmäßig sind. Dummerweise sind es gerade die, die man am häufigsten benutzt. Dies sind die zehn Querulanten: **abair** *ape^th* (sagen), **beir** *bä^th* (tragen), **cluinn** *kluin* (hören), **dèan** *dscheean* (machen), **faic** *fächk* (sehen), **faigh** *fai* (bekommen), **rach** *rach* (gehen), **ruig** *ruk* (erreichen), **thig** *hik* (kommen), **thoir** *hoo^th* (geben).

Die unregelmäßigen Verben werden in der folgenden Übersicht mit den jeweiligen Aussageformen und abhängigen Formen, Fragebeispielen sowie den Antworten für Ja und Nein angegeben. In der Überschrift ist außerdem die Übersetzung des Verbs **abair** *ape^th* (sagen) als Beispiel genannt, um die jeweilige Form zu verstehen. Das in Klammern gesetzte persönliche Fürwort ist nur ein Platzhalter, für den dann im Gälischen das gewünschte persönliche Fürwort (steht nach der Verbform!) eingesetzt werden muss.

Sollten Sie es als schwierig empfinden, die unregelmäßigen Verben zu benutzen – was verständlich wäre – nehmen Sie einfach für den Anfang die Verlaufsformen mit Verbalnomen und **tha, bha** oder **bidh.** Diese sind regelmäßig, jeder wird Sie verstehen, und es gibt keine Tränen. Damit das auch klappt, ist das Verbalnomen zur Sicherheit mit angegeben.

Und noch zwei Besonderheiten: Für das Verb **beir** *bä^th* (tragen) gibt es zwei gebräuchliche Verbalnomen, und bei den mit (*) gekennzeichneten Formen lautet das persönliche Fürwort „du" **tu** anstatt **thu.**

Stamm	**abair!**	*ape*th	sag!
Verbalnomen	**ràdh**	*ag raa*	(das) Sagen
Vergangenheit	**thuirt**	*hurscht*	(ich) sagte
Zukunft	**their**	*hä*th	(ich) werde sagen
Frage Vergangenheit	**an tuirt?**	*an duurscht*	sagtest (du)?
Antwort Vergangenheit	**thuirt** **cha tuirt**	*huurscht* *cha duurscht*	ja nein

Stamm	**beir**	*bä*th	Gebäre!
Verbalnomen	**beirsinn** **breith**	*a bä*th*schinn* *a bräi*	(das) Gebären
Vergangenheit	**rug**	*ruk*	(ich) gebar
Zukunft	**beiridh**	*bä*th*i*	(ich) werde gebären
Frage Vergangenheit	**an d' rug?**	*an druk*	gebärtest (du)?
Antwort Vergangenheit	**rug** **cha d' rug**	*ruk* *cha druk*	ja nein
Frage Zukunft	**am beir?**	*am bä*th	wirst (du) gebären?
Antwort Zukunft	**beiridh** **cha bheir**	*bä*th*i* *cha wä*th	ja nein

Stamm	**cluinn**	*kluinn*	hör!
Verbalnomen	**cluinntinn**	*a kluinntschin*	(das) Hören
Vergangenheit	**chuala**	*chuala*	(ich) hörte
Zukunft	**cluinnidh**	*klunnji*	(ich) werde hören
Frage Vergangenheit	**an cuala? (*)**	*an guala*	hörtest (du)?
Antwort Vergangenheit	**chuala** **cha chuala**	*chuala* *cha chuala*	ja nein

Stamm	**cluinn**	*kluinn*	hör!
Frage Zukunft	**an cluinn?**	*an kluinn*	wirst (du) hören?
Antwort Zukunft	**cluinnidh** **cha chluinn**	*klunnji* *cha chluinn*	ja nein

Stamm	**dèan**	*dscheean*	mach!
Verbalnomen	**dèanamh**	*a dscheeanaw*	(das) Machen
Vergangenheit	**rinn**	*reinn*	(ich) machte
Zukunft	**nì**	*nii*	(ich) werde machen
Frage Vergangenheit	**an d' rinn?**	*an dreinn*	machtest (du)?
Antwort Vergangenheit	**rinn** **cha d' rinn**	*reinn* *cha dreinn*	ja nein
Frage Zukunft	**an dèan?**	*an dscheean*	wirst (du) machen?
Antwort Zukunft	**nì** **cha dèan**	*nii* *cha dscheean*	ja nein

Stamm	**faigh**	*fai*	bekomm!
Verbalnomen	**faighinn**	*a fai'inn*	(das) Bekommen
Vergangenheit	**fhuair**	*hua^th^*	(ich) bekam
Zukunft	**gheibh**	*jiff*	(ich) werde bekommen
Frage Vergangenheit	**an d' fhuair?**	*an dua^th^*	bekamst (du)?
Antwort Vergangenheit	**fhuair** **cha d' fhuair**	*hua^th^* *cha dua^th^*	ja nein
Frage Zukunft	**am faigh?**	*am fai*	wirst (du) bekommen?
Antwort Zukunft	**gheibh** **chan fhaigh**	*jiff* *chan ai*	ja nein

Stamm	**ruig**	*ruk*	erreich!
Verbalnomen	**ruigsinn**	*a rukschinn*	(das) Erreichen
Vergangenheit	**ràinig**	*raanik*	(ich) erreichte
Zukunft	**ruigidh**	*ruki*	(ich) werde erreichen
Frage Vergangenheit	**an d' ràinig?**	*an draanik*	erreichtest (du)?
Antwort Vergangenheit	**ràinig** **cha d' ràinig**	*raanik* *cha draanik*	ja nein
Frage Zukunft	**an ruig?**	*a ruk*	wirst (du) erreichen?
Antwort Zukunft	**ruigidh** **cha ruig**	*ruki* *cha ruk*	ja nein

Stamm	**thoir**	*hooth*	gib!
Verbalnomen	**toirt**	*a toorscht*	(das) Geben
Vergangenheit	**thug**	*huk*	(ich) gab
Zukunft	**bheir**	*wäth*	(ich) werde geben
Frage Vergangenheit	**an tug?**	*an duk*	gabst (du)?
Antwort Vergangenheit	**thug** **cha tug**	*huk* *cha duk*	ja nein
Frage Zukunft	**an toir?**	*an tooth*	wirst (du) geben?
Antwort Zukunft	**bheir** **cha toir**	*wäth* *cha tooth*	ja nein

Von Fall zu Fall – die Beugung

Das Schottisch-Gälische unterscheidet fünf Fälle, wobei jedoch der 4. Fall Einzahl mit dem 1. Fall zusammenfällt. In der Mehrzahl gibt es nur für den 1., 2. und 5. Fall Beugungsformen. In alten Schriftstücken, Liedern und Gedichten sieht man häufig noch den 3. Fall Mehrzahl (Endung auf **-ibh**).

In der Wort-für-Wort-Übersetzung werden gebeugte Wörter durch die Zahl des entsprechenden Falls gekennzeichnet, jedoch nicht, wenn die Form mit dem 1. Fall identisch ist!

Die Fälle

1. Fall (Nominativ) – Der erste Fall ist die Grundform des Wortes. Mit der Frage „wer“ oder „was?“ erfragt man den 1. Fall. In dieser Grundform findet man gälische Nomen im Lexikon.

2. Fall (Genitiv) – Den zweiten Fall erfragt man mit „wessen?“ Er zeigt Besitz oder Herkunft an. Die Genitivform findet man bei Nomen als zweite Form in der Wörterliste (in eckigen Klammern).

3. Fall (Dativ) – Den dritten Fall erfragt man mit „wem?“. Im Gälischen steht er nach den meisten Präpositionen.

4. Fall (Akkusativ) – Praktischerweise ist diese Form identisch mit dem 1. Fall. Deshalb wird er in Lehrbüchern oft nicht aufgeführt, und wir brauchen uns auch nicht weiter darum zu kümmern.

5. Fall (Vokativ) – Der Vokativ ist der so genannte Anredefall. Er wird bei der Anrede benutzt. Die Namen der angeredeten Personen werden dann im Vokativ gebeugt. Im Deutschen gibt es diesen Fall gar nicht, es sei denn in Ausrufen oder religiösen Anrufungen („Oh Gott!“, „Oh Herr“), aber hier ändert sich ja nichts am Namen selbst. Das **a** vor dem gälischen Nomen im Vokativ entspricht diesem „oh“ im Deutschen.

Beugung des bestimmten Artikels

Je nach grammatischem Geschlecht des Nomens und dessen Anfangsbuchstaben verändert sich die Form des Artikels.

Haben Sie es bemerkt? Der 2. Fall männlich Einzahl und der 1. Fall weiblich Einzahl sind auch identisch!

Einzahl 1. Fall,

Anlaut des Wortes	männl.	Beispiel	
b, p, f, m	**am**	**am bàta**	das Boot
Vokal	**an t-**	**an t-uisge**	das Wasser
alle anderen	**an**	**an càr**	das Auto
Anlaut des Wortes	weibl.	Beispiel	
lenierbarer Kons.	**a'**	**a' mhàthair**	die Mutter
Vokal, **l, n, r, sg, sm, sp, st**	**an**	**an uinneag**	das Fenster
s, sl, sn, sr	**an t-**	**an t-seachdain**	die Woche
f	**an**	**an fheusag**	der Bart

Ja, der Bart ist im Gälischen in der Tat weiblich!

Einzahl 2. Fall

Anlaut des Wortes	männl.	Beispiel	
lenierbarer Kons.	**a'**	**a' bhàta**	des Bootes
Vokal, **l, n, r, sg, sm, sp, st**	**an**	**an uisge**	des Wassers
s, sl, sn, sr	**an t-**	**an t-seòmair**	des Zimmers
f	**an**	**an fhir**	des Mannes

Anlaut des Wortes	weiblich	Beispiel	
Vokal	**na h-**	**na h-uinneige**	des Fensters
Konsonant	**na**	**na seachdaine**	der Woche

Einzahl 3. Fall

Anlaut des Wortes	männlich und weiblich	Beispiel	
lenierbarer Kons.	**a'**	**a' chàr**	dem Auto
Vokal, **l, n, r, sg, sm, sp, st**	**an**	**an uisge**	dem Wasser
s, sl, sn, sr	**an t-**	**an t-seòmar**	dem Zimmer
f	**an**	**an fhear**	dem Mann

Mehrzahl

1. Fall			
Anlaut des Wortes	männlich und weiblich	Beispiel	
Vokal	**na h-**	**na h-eileanan**	die Inseln
Konsonant	**na**	**na càraichean**	die Autos
2. Fall			
Anlaut des Wortes	männlich und weiblich	Beispiel	
b, p, f, m	**nam**	**nam bàtaichean**	der Boote
alle anderen	**nan**	**nan seachdainean**	der Wochen

Ausnahmen bei der Lenierung

In der Beugung der Nomen leniert der bestimmte Artikel nie **d** und **t** am Wortanfang eines Nomens.

Steht der bestimmte Artikel **an t-** vor **s,** so wird das **t** mit Bindestrich vor das Nomen gesetzt und das **s** nicht mehr gesprochen. Man tut so, als würde das Wort mit dem auf das **s** folgenden Buchstaben beginnen. Das **s** kann noch eine ganze Menge anderer toller Dinge verursachen, siehe die Grammatikbücher im Anhang, die darüber spannend berichten.

Sollten Sie im Eifer des Gefechts den falschen Artikel benutzen: keine Sorge. Sie werden auf jeden Fall aus dem Zusammenhang heraus verstanden.

Beugung der Nomen

Um ein Nomen zu beugen, geht man jeweils von der Grundform des Wortes (unbestimmte Form) aus. Abhängig vom Fall des Wortes ändert sich der Wortanfang und manchmal auch das Wortende des Nomens. Wenn die Nomen mit dem bestimmten Artikel zusammengesetzt werden sollen, muss man sie so behandeln wie in der folgenden Tabelle beschrieben.

Verwenden Sie die folgenden Übersichten nur zum Nachschlagen und versuchen Sie nicht, sie auswendig zu lernen. Mit der Zeit werden Sie ein Gefühl für den richtigen Artikel bekommen! Und denken Sie immer daran, dass sie eine der schwierigsten Sprachen Europas lernen. Aber eben auch eine der schönsten. Und deshalb schreckt uns das Folgende auch schon fast nicht mehr.

Und es ist doch toll, wie man mit Gälischkenntnissen andere beeindrucken kann …

Einzahl 1. Fall	
männl. u. Artikel	Grundform Einzahl
weibl. u. Artikel	wenn möglich lenieren
Einzahl 2. Fall	
männl. u. Artikel	wenn möglich lenieren, letzte Silbe aufhellen
weibl. u. Artikel	nie lenieren, letzte Silbe aufhellen und am Wortende häufig **-e** anfügen; das **-e** wird oft nicht mitgesprochen!
Einzahl 3. Fall	
männl. u. Artikel	wenn möglich lenieren
weibl. u. Artikel	wenn möglich lenieren, manchmal wird die letzte Silbe aufgehellt (muss man jeweils lernen)
Einzahl 5. Fall	
männl. u. Artikel	wenn möglich lenieren, letzte Silbe aufhellen, wenn Wort mit Konsonant beginnt: **a** voranstellen
weibl. u. Artikel	wenn möglich lenieren, wenn Wort mit Konsonant beginnt: **a** voranstellen
Mehrzahl 1. Fall	
männl. / weibl. u. Artikel	Grundform Mehrzahl
Mehrzahl 2. Fall	
wenn Grundform Mz dunkel endet, identisch mit 1. Fall Mz	
wenn Grundform Mz hell endet, identisch mit 1. Fall Ez	
Mehrzahl 5. Fall	
a voranstellen und Grundform Mehrzahl wenn möglich lenieren	
Achtung: **d** und **t** werden bei der Beugung der Nomen nicht leniert.	

Beugung der Eigenschaftwörter

Die Beugung der Adjektive folgt den gleichen Regeln wie die der Nomen. Das heißt, sie folgen dem Nomen in allen Veränderungen. Das **s** spielt wieder eine Sonderrolle und leniert bei den Adjektiven zu **sh** (!), außer bei **sg, sm, sp, st.**

am balach beag (1. Fall m)
am ballach bäk
der Junge klein
der kleine Junge

a' bhalaich bhig (2. Fall m)
a wallich wik
des-2° Jungen-2° klein-2
des kleinen Jungen

leis a' bhalach bheag (3. m)
läsch a wallach wäk
mit dem-3° Jungen-3° klein-3
mit dem kleinen Jungen

a' chaileag bheag (1. w)
a challek wäk
das° Mädchen° klein
das kleine Mädchen

na caileige bige (2. w)
na kallige bike
des-2 Mädchen-2 klein-2
des kleinen Mädchens

leis a' chaileig bhig (3. w)
läsch a challik wik
mit dem-3° Mädchen-3° klein-3
mit dem kleinen Mädchen

Jetzt wäre es ja schön, wenn es dabei bleiben könnte – jedoch, es wird noch schöner:

Wenn das zugehörige in der Mehrzahl stehende Nomen mit einer hellen Silbe endet, wird das Adjektiv leniert.

na balaich bheaga
na ballich wäka
die Jungen° kleine
die kleinen Jungen

na taighean beaga
na tähen bäka
die Häuser kleine
die kleinen Häuser

An taigh beag bedeutet „das kleine Haus“. Schreibt man es mit einem Bindestrich **(an taigh-beag),** bedeutet es „Toilette“. In Schottland geben viele Leute ihren Häusern Namen – und zwar gerne auch in nicht-gälischsprachigen Gebieten gälische Namen. Beliebt ist **an taigh beag agam** (mein kleines Haus). Ein Bindestrich am falschen Ort, z. B. in einer Reihenhaus-Vorortsiedlung von Glasgow, kann hier zu großer Erheiterung führen, wenn man ein wenig Ahnung vom Gälischen hat. Lächeln Sie still und wissend in sich hinein, fahren Sie daran vorbei und fragen Sie bloß nicht, ob Sie mal „dürfen“.

Adverbien

Mit Adverbien (Umstandswörtern) beschreibt man die Eigenschaften von Verben. Adverbien bildet man im Schottisch-Gälischen, indem man dem Adjektiv das Wort **gu** voranstellt. Beginnt ein Adjektiv mit einem Vokal, wird **gu h-** vorangestellt. Bei einsilbigen Adverbien wird das **gu** weggelassen. In der Wort-für-Wort-Übersetzung wird **gu** mit „A“ wiedergegeben, da es dafür keine sinnvolle Übersetzung gibt.

Tha mi gu math.
ha mi gu ma
ist ich A gut
Mir geht es gut.

Bidh mi ann a-nochd gu dearbh.
bii mi aun a-nochk gu dschärraw
sein-werden ich da heute-Abend A sicher
Ich werde bestimmt heute da sein.

Steigern und Vergleichen

Im Schottisch-Gälischen gibt es wie im Deutschen drei Steigerungsformen von Adjektiven.

Steigern

Der Komparativ (1. Steigerungsstufe) wird mit vorangestelltem **nas** nass (mehr), der Superlativ (2. Steigerungsstufe) mit **as** ass (ist meist) und dem gesteigerten Adjektiv gebildet.

Die häufigste Art, Adjektive zu steigern: Hellen Sie die letzte Silbe auf (**i** vor den letzten Buchstaben einfügen und **e** hinten an das Wort anhängen). Endet das Adjektiv hell, brauchen Sie gar nichts zu tun.

trang *trang* fleißig	**nas trainge** *nass trainge* fleißiger	**as trainge** *ass trainge* am fleißigsten
fuar *fuar* kalt	**nas fhuaire** *nassua*th*e* kälter	**as fhuaire** *assua*th*e* am kältesten

Die wichtigsten unregelmäßig gesteigerten Adjektive sind:

math *ma* gut	**nas fheàrr** *naschaar* besser	**as fhèarr** *aschaar* am besten
dona *donna* schlecht	**nas miosa** *nass missa* schlechter	**as miosa** *ass missa* am schlechtesten

mòr *moor* groß	**nas motha** *nass mo'a* größer	**as motha** *ass mo'a* am größten
beag *bäk* klein	**nas lugha** *nass lugha* kleiner	**as lugha** *ass lugha* am kleinsten
goirid *gorridsch* kurz	**nas giorra** *nass girra* kürzer	**as giorra** *ass girra* am kürzesten
furasta *furasta* einfach	**nas fhasa** *nassassa* einfacher	**as fhasa** *assassa* am einfachsten
làidir *laadschi[th]* stark	**nas treasa** *nass trässa* stärker	**as reasa** *as trässa* am stärksten

Vergleichen

A ist wie B

Tha Barraigh cho brèagha ri Uibhist a Deas.
ha Barrai cho bri'a ri Uischt a Dschäss
ist Barra so schön wie Uist im Süden
Barra ist so schön wie South-Uist.

Tha mi sgìth ris a' chù.
ha mi skii risch a chuu
ist ich müde zu dem-3° Hund-3
Ich bin hundemüde. (müde wie ein Hund)

A ist ...-er als B

Tha Glaschu nas motha na Dùn Èideann.
ha Glassechu nass mo'a na Duun Eedschan
ist Glasgow mehr groß als Edinburgh (-)
Glasgow ist größer als Edinburgh.

A ist am ...-sten

Sätze mit dem Superlativ bildet man mit dem Verb **is** (sein).

Is e Inbhir Nis am baile as motha air a' Ghàidhealtachd.
schä Injir Nisch am balle ass mo'a äth *a Ghä'eltachk*
ist es Inverness die Stadt meist größer in dem-3° Hochland-3
Inverness ist die größte Stadt im Hochland.

In den Wörterlisten im Anhang wird das gesteigerte Adjektiv immer in eckigen Klammen angegeben.

Präpositionen

Die Präpositionen (Verhältniswörter) können sowohl mit den bestimmten Artikeln als auch mit den Personalpronomen ein Verhältnis eingehen. Das bedeutet, dass sie miteinander verschmelzen können. Hier werden nur die häufigsten genannt, und wenn man mit diesen umgehen kann, wird man die meisten Situationen sprachlich meistern können.

ann	*aun*	in
ri	*ri*	zu
le	*lä*	mit
à	*a*	aus
eadar	*ätter*	zwischen
còmhla ri	*koola ri*	zusammen mit

Die Präpositionen bleiben mit einem unbestimmten Nomen meistens unverändert.

Tha am botal air bòrd.
ha am bochtal äth boorschd
ist die Flasche auf Tisch
Die Flasche steht auf einem Tisch.

Es gibt folgende Ausnahmen: **Ann** verdoppelt sich zu **ann an,** und **do** verdoppelt sich bei Wörtern, die mit einem Vokal beginnen, zu **do dh'.**

Tha mi ann an Alba.
ha mi aun an Allepa
bin ich in (-) Schottland
Ich bin in Schottland.

Tha mi a' dol a dh' Inbhir Nis.
ha mi a doll a Jinjir Nisch
bin ich bei Gehen zu° (-) Inv. (-)
Ich gehe nach Inverness.

Eine schöne Verwechslungsgeschichte ist der Gebrauch der Präposition **à**: **Do** kann nämlich auch als **a** erscheinen. Der einzige Unterschied ist der Akzent. **À** heißt „aus", während **a** „zu" bedeutet und das folgende Wort leniert.

Tha mi à Barraigh.
ha mi a Barrai
ist ich aus Barra
Ich bin aus Barra.

Tha mi a' dol a Bharraigh.
ha mi a doll a Warrai
ist ich beim Gehen zu° Barra
Ich gehe nach Barra.

Tha Eirisgeidh eadar Barraigh agus Uibhist a Deas.
ha Erischkei ätter Barrai ages Uischt a Dschäss
ist Eriskay zwischen Barra und Uist im Süden
Eriskay liegt zwischen Barra und South-Uist.

Die folgenden Präpositionen lenieren in ihrer Grundform das folgende unbestimmte Nomen.

fo°	*fo*	unter
ro°	*ro*	vor (zeitlich)
do°	*do*	zu (in Richtung auf)
bho° ... a ...	*wo ... a ...*	von ... nach ...
de°	*dschä*	von (etwas)

Bidh mi a' draibheadh bho Ghlaschu a Pheairt.
bii mi a draiwagh wo Ghlassechu gu Pearscht
sein-werden ich bei Fahren von° Glasgow nach Perth
Ich werde von Glasgow nach Perth fahren.

Präpositionen vor bestimmtem Artikel

Bis auf **eadar** folgt auf alle hier aufgeführten Präpositionen der 3. Fall. Wir erinnern uns mit Schrecken an den bestimmten Artikel im Dativ: Sobald die Präpositionen mit dem Dativ zusammenkommen, treten bestimmte Veränderungen ein. Zuerst ist es noch einfach, nun kommt etwas dazu. Die folgenden Präpositionen hängen ein **-s** an:

Grundform		vor bestimmtem Artikel im 3.Fall		
ann	*aun*	**anns**	*auns*	in
le	*lä*	**leis**	*läsch*	mit
ri	*ri*	**ris**	*risch*	zu
à	*a*	**às**	*ass*	aus

Tha mi anns an Eilean Sgitheanach.
ha mi auns an Ällan Ski'anach
ist ich in der-3° Insel-3 Skye-3
Ich bin auf der Insel Skye.

Thàinig e leis a' chàr ùr.
haanik ä läsch a chaar uur
kam er mit-dem-3° Auto-3 neu-3
Er kam mit dem neuen Auto.

Tha mi ag èisdeachd ris an rèidio.
ha mi ak eeschtscheachd risch an reedio
ist ich beim Hören zu dem-3° Radio-3
Ich höre Radio.

Tha e às a' Ghearmailt.
ha ä ass a Jerremaltsch
ist er aus dem-3° Deutschland-3
Er ist aus Deutschland.

Und jetzt kommt etwas Bekanntes: Die folgenden Präpositionen verschmelzen mit dem bestimmten Artikel (Einzahl) **an.** Das kennen wir schon aus dem Deutschen: zu + dem = zum, oder zu + der = zur. Schön, dass endlich mal etwas ähnlich ist, oder?

Grundform			mit bestimmtem Artikel im 3. Fall		
do°	*do*	zu	**don°**	*don*	zu dem = zum
fo°	*fo*	unter	**fon°**	*fon*	unter dem = unterm
bho°	*wo*	von	**bhon°**	*won*	von dem = vom
de°	*dschä*	von	**den°**	*dschän*	von dem = vom
ro°	*ro*	vor	**ron°**	*ron*	vor dem = vorm

Tha mi a' dol don Fhraing.
ha mi a doll don Raink
ist ich bei Gehen zu-dem-3° Frankreich-3
Ich fahre nach Frankreich.

Tha mi den bheachd gu bheil Alba brèagha.
ha mi dschän weachd gu wäil Allepa bri'a
ist ich von-dem-3° Gedanken-3 dass ist Schottland schön
Ich finde Schottland schön.

Und jetzt wird es wieder einfach: Wenn jedoch das auf das Verhältniswort folgende Nomen in der Mehrzahl steht, behalten alle Präpositionen die Grundform.

Chaidh e do na h-eileanan.
chai ä do na hällanen
ging er zu° die Inseln
Er reiste auf die Inseln.

Beugung der Präpositionen

Präpositionen werden im Schottisch-Gälischen, wie bereits angedroht, gebeugt und gehen eine Verbindung mit den persönlichen Fürwörtern ein. Zusammen mit einer Form von **bi** (sein) kann man mit **aig** (bei) „haben" im Sinne von „besitzen" ausdrücken (siehe auch Kapitel „Haben und Besitzen").

Tha Gàidhlig agam.
ha Gaalik akam
ist Gälisch bei-ich
Ich spreche Gälisch.

Im Gälischen „spricht" man Sprachen nicht, man „hat" sie.

Chan eil airgead agam.
chan jäil ätheget akam
nicht° ist Geld bei-ich
Ich habe kein Geld.

Dè an t-ainm a th' ort?
dschee an tännem a horscht
was der Name welcher ist auf-du
Wie heißt du?

Auch die Kleidung ist „auf" jemandem:

Tha còta orm.
ha kochta orrem
ist Mantel auf-ich
Ich habe einen Mantel an.

aig	*äk*	bei
agam	*akam*	bei mir
agad	*akat*	bei dir
aige	*äke*	bei ihm
aice	*ächke*	bei ihr
againn	*akinn*	bei uns
agaibh	*akiw*	bei euch
aca	*achka*	bei ihnen
air	*äth*	auf
orm	*orrem*	auf mir
ort	*orscht*	auf dir
air	*äth*	auf ihm
oirre	*orre*	auf ihr
oirnn	*othin*	auf uns

oirbh	*othiw*	auf euch
orra	*orra*	auf ihnen
ann	*aun*	in
annam	*annam*	in mir
annad	*annad*	in dir
ann	*aun*	in ihm
innte	*iinschte*	in ihr
annainn	*annin*	in uns
annaibh	*anniw*	in euch
annta	*aunta*	in ihnen
ri	*ri*	zu / mit
rium	*rum*	zu mir
riut	*rut*	zu dir
ris	*risch*	zu ihm
rithe	*ri'e*	zu ihr
ruinn	*rinn*	zu uns
ruibh	*riw*	zu euch
riutha	*ru'a*	zu ihnen
le	*lä*	mit
leam	*läm*	mit mir
leat	*lät*	mit dir
leis	*läsch*	mit ihm
leatha	*lä'a*	mit ihr
leinn	*läin*	mit uns
leibh	*läiw*	mit euch
leotha	*leo'a*	mit ihnen
do	*do*	zu
dhomh	*gho*	zu mir
dhut	*ghut*	zu dir
dha	*gha*	zu ihm

dhi	*ji*	zu ihr
dhuinn	*ghuin*	zu uns
dhuibh	*ghuiw*	zu euch
dhaibh	*ghaiw*	zu ihnen

'S e duine gasta a th' ann.
schä dünje gasta a haun
ist er Mann nett welcher ist in-er
Er ist ein netter Mann.

'S e oileanach a th' annam.
schä ollanach a hannam
ist Student welcher ist in-ich
Ich bin Student.

Coinnichidh mi riut air an aiseag.
konnichi mi rut äth an aschäk
werde-treffen ich zu-du auf der-3° Fähre-3
Ich werde dich auf der Fähre treffen.

Fuirich orm!
futhich orrem
warte auf-ich
Warte auf mich!

Tapadh leat / leibh!
tachpa lät **/** läiw
Dank mit-du / mit-ihr
Danke dir / Ihnen!

Is toil leam coiseachd.
is toll läm koschachk
ist Wunsch mit-ich Wandern
Ich möchte wandern.

Thoir dhomh an cupa!
hooth gho an kuchpa
gib zu-ich die Tasse
Gib mir die Tasse!

Seo sùgh orains dhut!
scho ssuu orinsch ghut
dies Saft Apfelsine zu-du
Hier ist Apfelsinensaft für dich!

Besitzanzeigende Fürwörter

Schottisch-Gälisch hat zwei Möglichkeiten, Besitz oder Zugehörigkeit anzuzeigen: Verwandte oder persönliche Gegenstände (natürlich auch unser Liebstes – das Auto) werden mit den folgenden besitzanzeigenden Fürwörtern, die dem zugehörigen Nomen immer vorangestellt sind, bezeichnet. Die mit ° gekennzeichneten besitzanzeigenden Fürwörter lösen eine Lenierung am darauffolgenden Nomen aus, falls dieses lenierbar ist.

vor Konsonant		vor Vokal		
mo°	*mo*	**m'°**	*m-*	mein
do°	*do*	**d'°**	*d-*	dein
a°	*a*	–	–	sein
a	*a*	**a h-**	*a h-*	ihr (Ez)
ar	*ar*	**ar n-**	*ar n-*	unser
ur*	*ur*	**ur n-**	*ur n-*	euer
vor **b, p, f, m**		vor allen anderen		
am	*am*	**an**	*an*	ihr (Mz)

*Das besitzanzeigende Fürwort **ur** (euer) wird manchmal auch **bhur** geschrieben.

Das war die Trockenübung, jetzt kommen zwei Beispiele, an denen man ablesen kann, wie die besitzanzeigenden Fürwörter funktionieren:

Nomen beginnt mit lenierbarem Konsonanten		
càr	*kaar*	Auto
mo chàr	*mo chaar*	mein Auto
do chàr	*do chaar*	dein Auto
a chàr	*a chaar*	sein Auto
a càr	*a kaar*	ihr (Ez) Auto
ar càr	*ar kaar*	unser Auto
ur càr	*ur kaar*	euer Auto
an càr	*an kaar*	ihr (Mz)Auto
Nomen beginnt mit Vokal		
athair	*ahe*th	Vater
m' athair	*mahe*th	mein Vater
d' athair	*dahe*th	dein Vater
athair	*ahe*th	sein Vater
a h-athair	*a hahe*th	ihr (Ez) Vater
ar n-athair	*ar nahe*th	unser Vater
ur n-athair	*ur nahe*th	euer Vater
an athair	*anahe*th	ihr (Mz) Vater

Ar n-athair a tha air neamh ...

ar naheth *a ha ä*th *näw ...*

unser Vater welcher ist auf Himmel ...

Vater unser im Himmel ... (Beginn des Vaterunsers)

m' athair 's mo mhàthair

mahärsmowaaheth

mein° Vater und meine° Mutter

meine Eltern

Daneben drückt das Gälische hauptsächlich Besitz durch eine Zusammensetzung von persönlichen Fürwörtern und dem Verhältniswort **aig** (bei) aus. Dazu mehr im folgenden Kapitel.

an duine agam
an dünje akam
der Mann bei-ich
mein Mann

a' bhean agad
a wän akat
die° Frau bei-du
deine Frau

an taigh aige
an tai äke
das Haus bei-er
sein Haus

an rothair aice
an rohe^th^ ächke
das Fahrrad bei-sie(Ez)
ihr Fahrrad

Haben und Besitzen

Das Verb „haben" gibt es im Schottisch-Gälischen nicht. Etwas „haben" im Sinne von „besitzen" (etwa einen Gegenstand) wird mit dem Hilfsverb **bi** (sein) und dem Verhältniswort **aig** (bei) ausgedrückt. Und so funktioniert es:

tha ... (Nomen) **aig ...** (Person) = haben ist ... bei ...

Tha Gàidhlig aig Màiri.
ha Gaalik äk Maa^th^i
ist Gälisch bei Màiri
Mary kann („hat") Gälisch.

Bha càr aig an athair.
*wa kaar äk an ahe^th^*
war Auto bei dem-3° Vater-3
Der Vater hatte ein Auto.

Tha Gearmailtis aig a' bhodach.
ha Gerremaltschisch äk a wottach
ist Deutsch bei dem-3° alten-Mann-3
Der alte Mann kann Deutsch.

A bheil seòmar agaibh airson a-nochd?
a wäil schoomer akiw ärsson a-nochk
FP ist Zimmer bei-ihr für heute-Abend
Haben Sie ein Zimmer für heute Abend?

mögliche Antworten

Tha.	**Chan eil.**
ha	*chan jäil*
ist	*nicht° ist*
Ja.	Nein.

„Befindlichkeiten haben“ drückt man mit dem Verb **bith** (sein) und dem Verhältniswort **air** (auf) aus.

acras	*achkras*	Hunger
pathadh	*pa'agh*	Durst
cabhag	*kafak*	Eile
eagal	*äkal*	Angst

Tha an t-acras orm.
ha an tachkras orrem
ist der Hunger auf-ich
Ich habe Hunger.

Tha am pathadh air Màiri.
a am pa'agh äth *Maa*th*i*
ist der Durst auf Màiri
Mary hat Durst.

Tha cabhag orra.
ha kafak orra
ist Eile auf-sie(Mz)
Sie sind in Eile.

Tha an t-eagal oirnn.
ha an tschäkel oth*in*
ist die Angst auf-wir
Wir haben Angst.

Wenn einer (ganz allein!) etwas besitzt, kommt das Verhältniswort

le lä (mit) ins Spiel. Dabei wird diese Konstruktion eigentlich nur auf die direkte Frage nach Besitz angewandt. In der Antwort wird eine betonte Form verwendet, d. h. die Endung **-sa** angehängt.

Cò leis a tha an leabhar?
ko läsch a ha an ljo'or
wer mit-er das ist das Buch
Wem gehört das Buch?

Is leamsa e.
is liomsa ä
ist mit-ich er
Es gehört mir.

Is le Seamus e.
is lä Schäimes ä
ist mit James er
Es gehört James.

Müssen, Wollen, Können, Dürfen, Sollen

Die deutschen Modalverben „sollen", „dürfen", „können", „wollen", „müssen" werden mit Hilfe feststehender Ausdrücke gebildet und funktionieren alle nach demselben Prinzip:

Modalverb	+ Person	+ Verbalnomen / Nomen
Feumaidh	**mi**	**glanadh.**
muss	*ich*	*Putzen*
Ich muss putzen.		

Ist die Satzergänzung ein Nomen im Akkusativ, geht man wie folgt vor:

Modalverb	+ Person	+ Objekt	+ leniertes Verbalnomen
Feumaidh	**mi**	**an càr**	**a ghlanadh**
Muss	*ich*	*das Auto*	*zu Putzen*
Ich muss das Auto putzen.			

Sie sehen, die Satzstellung ist im Prinzip wie im Deutschen. Steht zwischen Verbalnomen und Objekt eine Präposition, steht das Nomen im 3. Fall (Dativ).

Modalverb	+ Person	+ Verbalnomen mit Präposition und Nomen		
Is toil	**leam**	**èisteachd**	**ris**	**an radio.**
ist Wunsch	*mit-ich*	*Hören*	*zu*	*dem Radio*
Ich höre gerne Radio.				

müssen, benötigen

feumaidh	+ Person	+ Verbalnomen oder Satzergänzung

Feumaidh mi falbh.
feemi mi fallaw
müssen ich Weggehen
Ich muss gehen.

Feumaidh mi airgead.
feemi mi ätheget
benötigen-werden ich Geld
Ich brauche Geld.

Am feum thu falbh?
am feem u fallaw
FP müssen du Weggehen
Musst du gehen?

mögliche Antworten

Feumaidh.
feemi
muss
Ja.

Chan fheum.
chan eem
nicht° muss
Nein.

wollen, möchte(n)

bu toil le	+ Person	+ Verbalnomen oder Satzergänzung

Bu toil le Seòras botal uisge-beatha.
bu toll le Schooras bochtall üschke-bäha
wäre Wunsch mit Seòras Flasche Wasser-Leben
George möchte eine Flasche Whisky.

können (erlernte Fähigkeit)

is urrainn do	+ Person (leniert)	+ Verbalnomen oder Satzergänzung

'S urrainn dhomh snàmh.
ssurrinn gho snaaw
ist Fähigkeit zu-ich Schwimmen
Ich kann schwimmen.

An urrainn dhut dannsa?
an urrinn ghut daunssa
FP-ist Fähigkeit zu-du Tanzen
Kannst du tanzen?

'S urrainn do Thòmas a' phìob a chluich.
ssurrinn do Hoomas a fiip a chluich
ist Fähigkeit zu° Thomas die° Dudelsack zu° Spielen
Thomas kann Dudelsack spielen.

können (in der Lage sein / Möglichkeit)

Hier werden die Zukunftsformen des Verbs benutzt. Die Zukunft kann im Gälischen nämlich auch die bloße Möglichkeit einer Handlung ausdrücken.

Am faigh mi bracaist a-nis?
am fai mi brachkischt a-nisch
FP bekommen-werden ich Frühstück jetzt
Kann ich jetzt Frühstück bekommen?

dürfen

faodaidh + Person + Verbalnomen oder Satzergänzung

Faodaidh e òl.
füoti ä ool
dürfen-werden er Trinken
Er darf trinken.

Chan fhaod e ithe.
chan üot ä iche
nicht° dürfen-werden er Essen
Er darf nicht essen.

Am faod mi coimhead air an telebhisean?
am füot mi koijet äth an telewischän
FP dürfen-werden ich Schauen auf den-3° Fernseher-3
Darf ich Fernsehen gucken?

mögliche Antworten

Faodaidh.	**Chan fhaod.**
füoti	*chan üot*
dürfen-werden	*nicht° dürfen-werden*
Ja.	Nein.

sollen

bu chòir do	+ Person (leniert)	+ Verbalnomen

Bu chòir do Mhàiri an leabhar a cheannachd.
bu choor do Waa[th]*i an ljo'or a cheannachk*
wäre recht zu° Màiri das Buch zu° Kaufen
Mary sollte das Buch kaufen.

Na, im welchen Fall steht hier **leabhar?** Richtig! Im 4. Fall, dem Akkusativ.

Fragen mit Fragewörtern

Wie auch im Deutschen kann man im Schottisch-Gälischen zwei Sorten Fragen unterscheiden: Entscheidungsfragen und Ergänzungsfragen. Die Entscheidungsfragen, auf die man mit Nein und Ja antwortet, werden in den Kapiteln, die das Verb betreffen, erklärt, da man mit den jeweiligen Verbformen antworten muss.

Ergänzungsfragen werden immer durch ein Fragewort eingeleitet. Im Gälischen fangen fast alle Fragewörter mit **c-** an. Der Fragesatz besteht fast immer aus einem Hauptsatz und einem Nebensatz, der durch das relative Fürwort **a** (welche, -r, -s), das vor dem Verb steht, verbunden wird. Oft wird das **a** in der Frage gar nicht gesprochen und auch nicht geschrieben. In allen Fragewörtern lauert wieder das Verb **is** (sein). Die Fragewörter sind zwar aus mehreren Wörtern entstanden, aber mittlerweile so verschmolzen, dass man sie besser als Ganzes lernt. Wer Französisch kann, wird hier Ähnlichkeiten in der Konstruktionsweise erkennen.

In der folgenden Übersicht steht eine vollständige Wort-für-Wort-Übersetzung, die in den Beispielsätzen aber vereinfacht wird.

cò	*ko*	*wer*	wer (ist jemand)?
cò a	*ko a*	*wer-ist welcher*	wer (tut etwas)?
cò aig a	*ko äk a*	*wer-ist bei welcher*	wer (hat etwas)?
cò leis a	*ko läsch a*	*wer-ist mit-er welcher*	wem (gehört etwas)?
cò às a	*ko ass a*	*was-ist aus welcher*	woher?
cuin a	*kuin a*	*was-ist-Zeit welche*	wann?
ciamar a	*kimmer a*	*was-wie welcher*	wie?
carson a	*karssonn a*	*was-zum-Wohle welcher*	warum?
cia mheud a	*ki wiat a*	*was-ist Menge welcher*	wie viel? (+ Ez)
càite a	*kaatsch a*	*was-ist-Ort welcher*	wo?, wohin?
dè cho fad 's a	*dschee cho fats a*	*was so lange und welcher*	wie lange?
dè a	*dschee a*	*was-ist welcher*	was?

Kleiner Hinweis zur Aussprache: Obwohl das Fragewort **cò** und auch **cò às** mit Akzent geschrieben werden, werden sie kurz ausgesprochen. In der weiterführenden Literatur findet man dazu auch die Begründung.

Cò thusa?
ko ussa
wer du
Wer bist du?

Is mise Crìsdean.
is mische Kriischdschen
ist ich Crìsdean
Ich bin Christian.

Cò (a) rinn sinn?
ko (a) reinn schinn
wer (welcher) tat jenes
Wer hat das getan?

Rinn Susaidh e.
reinn Ssussi ä
tat Susi es
Susi hat das getan.

Cò aig a tha an càr?
ko äk a ha an kaar
wer bei (-) ist das Auto
Wer hat das Auto?

Tha e aig mo charaid.
ha ä äk mo charidsch
ist er bei mein° Freund-3
Mein Freund hat es.

Cò leis a tha am bàta?
ko läsch a ha am baata
wer mit (-) ist das Boot
Wem gehört das Boot?

Is leamsa / le Màiri e.
is liomssa / lä Maathi ä
ist mit-ich / mit Màiri er
Es gehört mir / Mary.

Cò às a tha sibh?
ko ass a ha schiiw
wer aus (-) ist ihr
Woher kommt ihr / kommen Sie?

Tha mi às a' Ghearmailt.
ha mi ass a Jerremaltsch
ist ich aus die-3° Deutschland-3
Ich bin aus Deutschland.

Ciamar a tha thu?
kimmer a ha u
wie (-) ist du
Wie geht es dir?

Tha mi glè mhath.
ha mi glee wa
ist ich sehr° gut
Mir geht es sehr gut.

Bei allen Fragen folgt auf die Relativpartikel **a** die Aussageform des Verbs. Einzige Ausnahme ist **càite a** *kaatsch a* (wo). Hier folgt die abhängige Form. Nach allen Fragewörtern, auf die die Relativpartikel **a** folgt, steht bei Bezug auf die Zukunft das relative Futur. Einzige Ausnahme ist wiederum **càite a** kaatsch a (wo).

Càite a bheil thu a' fuireach?
kaatsch a wäil u a futhach
wo (-) ist du bei Wohnen
Wo wohnst du?

Tha mi a' fuireach ann an ...
ha mi a futhach aun an ...
ist ich bei Wohnen in (-) ...
Ich wohne in ...

Cuin a bhios tu aig an taigh?
kuin a wias tu äk an tai
wann (-) werden-sein du bei das-3° Haus-3
Wann wirst du zu Hause sein?

Bidh mi ann aig còig uairean.
bii mi aun äk kooik uathen
werden-sein ich in bei fünf Stunden
Ich werde um fünf Uhr da sein.

Dè cho fad 's a tha e gu Loch Baghasdal?
dschee cho fats a ha ä gu Loch Ba'asdal
was so lange und welche ist es bis Lochboisdale (-)
Wie weit ist es nach Lochboisdale?

Tha e ceithir mìle gu Loch Baghasdal.
ha ä kehith miile gu Loch Ba'asdal
ist es vier Meilen bis Lochboisdale (-)
Es sind vier Meilen bis nach Lochboisdale.

Cuine a bhios tu anns an taigh-òsta?
kuin a wias tu auns an tai-oosta
wann (-) sein-werden du in dem-3° Haus-Gast-3
Wann wirst du in dem Hotel sein?

Dè a tha thu a' dèanamh a-nochd?
dschee ha u a dscheeanaw a-nochk
was (-) ist du bei Machen heute-Abend
Was machst du heute Nacht?

mögliche Antworten

Tha mi a' dol a-mach.
ha mi a doll a-mach
ist ich bei Gehen nach-draußen
Ich gehe aus.

Jetzt müssen Sie aufpassen: Nach **cia mheud** *ki wiat* (wie viel) steht das Nomen immer in der Einzahl!

Cia mheud leabhar a cheannaich thu?
ki wiat ljo'or a cheannich u
was Menge Buch welche kaufte du
Wie viele Bücher hast du gekauft?

Cheannaich mi trì.
cheannich mi trii
kaufte ich drei
Drei.

Konjunktionen

Viele Konjunktionen (Bindewörter) werden wie im Deutschen benutzt, wie zum Beispiel die folgenden. Sie verbinden zwei Aussagesätze miteinander.

Bindewörter + Aussageform

agus / is	*ages / is*	und
ach	*ach*	aber
no	*no*	oder
oir	*ooth*	denn

An toil leat tì no cofaidh?
an toll lät tii no koffi
ist Wunsch mit-du Tee oder Kaffee
Willst du Tee oder Kaffee?

Cha robh mi a' coiseachd oir bha i fuar.
cha roo mi a koschachk ooth bha i fuar
nicht° war ich bei Wandern denn war es kalt
Ich war nicht wandern, denn es war kalt.

Bindewörter + abhängige Form

Diese Bindewörter verlangen, dass das Verb zu Beginn des nachfolgenden Nebensatzes in der abhängigen Form steht.

gu / gun / gum	*gu / gun / gum*	dass
nach	*nach*	dass nicht
air sgàth 's gu / gum	*äth skaas gu / gum*	weil
air sgàth 's nach	*äth skaas nach*	weil nicht

Tha mi cinnteach gum bi mi a' tilleadh a dh' Alba.
ha mi kiintschach gum bi mi a' tschiljak a Ghallepa
ist ich sicher dass wird-sein ich bei Zurückkehren zu° (-) Schottland
Ich bin sicher, dass ich nach Schottland zurückkehren werde.

Die folgenden Bindewörter stehen immer mit dem relativen Fürwort **a.** Danach folgt die Aussageform des Verbs. In der Zukunft muss die Form des relativen Futurs benutzt werden.

Bindewörter + a + Aussageform

ged a	*get a*	obwohl
nuair a	*nua*[th] *a*	als
cho luath's a	*cho luas a*	sobald

Nuair a bha mi ann an Uibhist
bha mi ag ionnsachadh Gàidhlig.
nua[th] *a wa mi aun an Uischt wa mi ak iunsachagh Gaalik*
als (-) war ich in Uist war ich bei Lernen Gälisch
Als ich in Uist war, lernte ich Gälisch.

Werden Bindewörter mit dem relativen Fürwort **a** mit Bezug auf die Zukunft benutzt, folgt anschließend das relative Futur.

Ged a dh'itheas mi taigeis, chan fhàs mi tiugh.
get a ghiches mi tagesch, chan aas mi tschiu
obwohl (-) essen-werde ich Haggis nicht° wachsen-werden ich dick
Obwohl ich Haggis esse, werde ich nicht dick.

Haggis ist eine Art Pastete, bestehend aus Schafsinnereien, Hafermehl und Gewürzen, die in einem Schafsmagen gekocht werden, sozusagen eine Art schottischer Saumagen, und kann sehr lecker sein.

Mit den Bindewörtern **gu** (dass) und **nach** (dass nicht) verschmilzt das Verb **is** (sein) so, dass man davon gar nichts mehr sieht:

Bindewörter + das Verb is

gu *dass*	+ **is** *ist*	= **gur** *dass-ist*
nach *dass-nicht*	+ **is** *ist*	= **nach** *dass-nicht-ist*

Tha fios agam gur toil leat bradan.
ha fiss akam gur toll lät brattan
ist Wissen bei-mir dass-ist Wunsch mit-dir Lachs
Ich weiß, dass du Lachs magst.

Thuirt e nach e sin an rathad ceart.
hurscht ä nach ä schinn an ra'at kearscht
sagte er dass-nicht-ist jenes die Straße richtig
Er sagte, dass dies nicht die richtige Straße ist.

Zahlen und Zählen

Auch bei den Zahlen haben Sie keine Chance, sich zurückzulehnen, denn hier wird es nochmal richtig kniffelig. Traditionellerweise zählte und zählt man bis heute in Zwanzigern (ähnlich wie teilweise im Französischen). Daneben wurde für die Schule das Zehnersystem eingeführt, welches mittlerweile auch außerhalb der Schule Verbreitung gefunden hat.

Versuchen Sie lieber nicht, auf Gälisch eine Summe von z. B. 167,35 Pfund in einem Laden zu zahlen und dann das Rückgeld auf Gälisch nachzuzählen! Die Schlange hinter Ihnen würde Ihre Bemühungen wohl nicht angemessen würdigen. Oft finden auch Gälen ihre eigenen Zahlen so kompliziert, dass sie einfach die englischen benutzen. Das können Sie im Zweifelsfall auch tun.

Grundzahlen

Die Grundzahlen (ohne Nomen) benutzt man, wenn man z. B. seine Telefonnummer mitteilen möchte. Von 11 bis 19 wird der Grundzahl **deug** *dschiak* (ähnlich engl. „-teen") nachgestellt. Achtung: **dà** *daa* (zwei) leniert hier und wird selbst durch das vorangestellte **a** leniert. Das **a** oder **a h-** in den Zahlwörtern hat keine grammatische Bedeutung, sondern vereinfacht lediglich die Aussprache.

0	**neoni**	*njonni*
1	**a h-aon**	*a hüon*
2	**a dhà**	*a ghaa*
3	**a trì**	*a trii*
4	**a ceithir**	*a kehi*th
5	**a còig**	*a kooik*
6	**a sia**	*a schia*
7	**a seachd**	*a scheachk*
8	**a h-ochd**	*a hochk*
9	**a naoi**	*a nüoi*
10	**a deich**	*a dschäich*
11	**a h-aon deug**	*a hüon dschiak*
12	**a dhà dheug**	*a ghaa jiak*
13	**a trì deug**	*a trii dschiak*
14	**a ceithir deug**	*a kehi*th *dschiak*
15	**a còig deug**	*a kooik dschiak*
16	**a sia deug**	*a schia dschiak*
17	**a seachd deug**	*a scheachk dschiak*
18	**a h-ochd deug**	*a hochk dschiak*
19	**a naoi deug**	*a nüoi dschiak*
20	**fichead**	*fichet*

Gegenstände zählen

Das Zahlwort **aon** (1) leniert das folgende Nomen außer bei **d, t** und **s**. Das Zahlwort **dà** (2) leniert das folgende Nomen (soweit möglich), das (man beachte!) in der Einzahl stehen bleibt! Im Prinzip handelt es sich hierbei eigentlich um die alte Zweizahl (Dual), die aber bei der Mehrheit der Wörter mit der Einzahl identisch ist.

Von **trì** (3) bis **deich** (10) steht das gezählte Nomen in der Mehrzahl. Um zu verdeutlichen, wie das Nomen sich verändert und wo es stehen muss, werden hier Boote gezählt.

1	**aon bhàta** *eins° Boot*	*üon waata*
2	**dà bhàta** *zwei° Boot*	*daa waata*
3	**trì bàtaichean** *drei Boote*	*trii baatichen*
4	**ceithir bàtaichean**	*kehi*[th] *baatichen*
5	**còig bàtaichean**	*kooik baatichen*
6	**sia bàtaichean**	*schia baatichen*
7	**seachd bàtaichean**	*schächk baatichen*
8	**ochd bàtaichean**	*ochk baatichen*
9	**naoi bàtaichean**	*nüoi baatichen*
10	**deich bàtaichean**	*dschäich baatichen*

Von 11 - 19 geht das Nomen zwischen die Zahlen.

11	**aon bhàta deug** *eins° Boot zehn*	*üon waata dschiak*
12	**dà bhàta dheug** *zwei° Boot zehn*	*daa waata jiak*
13	**trì bàtaichean deug** *drei Boot zehn*	*trii baatichen dschiak*
14	**ceithir bàtaichean deug**	*kehi*[th] *baatichen dschiak*

15	**còig bàtaichean deug**	*kooik baatichen dschiak*
16	**sia bàtaichean deug**	*schia baatichen dschiak*
17	**seachd bàtaichean deug**	*scheachk baatichen dschiak*
18	**ochd bàtaichean deug**	*ochk baatichen dschiak*
19	**naoi bàtaichean deug**	*nüoi baatichen dschiak*

Mit 20 steht die Einzahl.

20	**fichead bàta**	*fichet baata*	*zwanzig Boot*

Jetzt wird auf die 20 draufgezählt.

21	**aon bhàta air fhichead** *eins° Boot auf° zwanzig*	*öun waata äth ichet*
22	**dà bhàta air fhichead** *zwei° Boot auf° zwanzig*	*daa waata äth ichet*
30	**deich bàtaichean air fhichead** *zehn Boote auf° zwanzig*	*dschäich baatichen äth ichet*
31	**aon bhàta deug air fhichead** *eins° Boot zehn auf° zwanzig*	*üon waata dschiak äth ichet*

Ab 40 ändert sich das Muster: „2 x 20 Boot“ sind 40 Boote. „2 x 20 Boot und 1“ sind 41 Boote. Alle Nomen stehen ab jetzt in der Einzahl und werden nie mehr leniert!

40	**dà fhichead bàta** *zwei° zwanzig Boot*	*daa ichet baata*
41	**dà fhichead bàta 's a h-aon** *zwei° zwanzig Boot und (-) eins°*	*daa ichet baata* *ssa hüon*
50	**dà fhichead bàta 's a deich** *zwei° zwanzig Boot und (-) zehn*	*daa ichet baata* *ssa dschäich*
51	**dà fhichead bàta 's a h-aon deug** *zwei° zwanzig Boot und (-) ein zehn*	*daa ichet baata* *ssa hüon dschiak*

60	**trì fichead bàta** *drei zwanzig Boot*	*trii fichet baata*
61	**trì fichead bàta 's a h-aon** *drei zwanzig Boot und (-) eins°*	*trii fichet baata ssa hüon*
70	**trì fichead bàta 's a deich** *drei zwanzig und (-) zehn Boot*	*trii fichet baata ssa dschäich*
71	**trì fichead bàta 's a h-aon deug** *drei zwanzig Boot und (-) ein zehn*	*trii fichet baata ssa hüon dschiak*
80	**ceithir fichead bàta** *vier zwanzig Boot*	*kehi^th^ fichet baata*
81	**ceithir fichead bàta 's a deich** *vier zwanzig Boot und (-) zehn*	*kehi^th^ fichet baata ssa dschäich*

Auch bei den Zahlen ab 100 steht der zu zählende Gegenstand immer in der Einzahl. Bei den Zahlwörtern für 200, 300, 400 und 500 wird **ceud** leniert.

ceud bàta	*kiat baata*	*hundert Boot*
dà cheud bàta	*daa chiat baata*	*zwei° hundert Boot*
trì cheud bàta	*trii chiat baata*	*drei° hundert Boot*
ceithir cheud bàta	*kehi^th^ chiat baata*	*vier° hundert Boot*
mìle bàta	*miile baata*	*tausend Boot*
dà mhìle bàta	*daa wiile baata*	*zwei° tausend Boot*
trì mìle bàta	*trii miile baata*	*drei tausend Boot*
millean bàta	*milljen baata*	*Million Boot*

Personen zählen

Wenn man eine Anzahl von Personen benennen möchte, muss man teilweise anders vorgehen. Eine bis zehn Personen können im Schottisch-Gälischen nicht mit den Grundzahlen gezählt werden. Der Gäle begreift diese Menschen als eine zu zählende Gruppe. Das klingt übersetzt etwa wie „zweie der Männer“ usw.

Nach diesen Personenzahlwörtern steht immer der 2. Fall Mehrzahl, und der wird leniert (auch, wenn es nur eine Person ist). Ab 11 werden dann aber wieder die Grundzahlen benutzt.

aonan	*üonan*	Eine/r (alleine)
dithis	*dschi'isch*	Zwei
triùir	*truur*	Drei
ceathrar	*kerar*	Vier
còignear	*kooignar*	Fünf
sianar	*schianar*	Sechs
seachdnar	*scheachknar*	Sieben
ochdnar	*ochknar*	Acht
naoinear	*nöuinar*	Neun
deichnar	*dschäichnar*	Zehn

Bha dithis anns an taigh-sheinnse.
wa dschi'isch auns an tai-häinnsche
waren Zwei in dem-3° Haus-Kneipe-3
Es waren zwei in der Kneipe.

Bha triùir chloinne an-seo.
wa truur chloinnje an-scho
waren Drei Kinder-2 hier
Es waren drei Kinder hier.

Seit einigen Jahren lernen Kinder in der Schule die Zahlen im Dezimalsystem. Das sieht zwar einfach aus, hat aber einen Nachteil: Fast niemand außerhalb der Schule benutzt diese Zahlen, weswegen wir hier auch darauf verzichten.

Ordnungszahlen

Mit den Ordnungszahlen zählt man Gegenstände und Personen, hier wird kein Unterschied wie bei den Grundzahlen gemacht. Um die Ordnungszahlen zu bilden, benutzt man die leicht veränderten Grundzahlen und hängt die Endung **-amh / -eamh** an. Eine Ausnahme bilden die Ordnungszahlen 1. bis 3. Darüber hinaus wird den Ordnungszahlen der Artikel **an** vorangestellt. Ausnahmen sind „der erste" – hier wird leniert, und der Artikel lautet **a'** – sowie die Zahlwörter, die mit einem Vokal beginnen – hier lautet der Artikel **an t-.** Beginnen die Zahlwörter mit **p, b, f** oder **m,** lautet der Artikel **am.** Das zugehörige Hauptwort steht immer in der Einzahl.

Als Beispiel muss hier der „Mann" **fear** *fär* herhalten. Für „der oder die zweite" kann man auch **an dara** hören.

a' chiad fhear *der erste° Mann*	*a chiad är*	der 1. Mann
an dàrna fear *der zweite Mann*	*an daarna fär*	der 2. Mann
an treas fear *der dritte Mann*	*an tress fär*	der 3. Mann
an ceathramh fear *der vierte Mann*	*an kärew fär*	der 4. Mann
an còigeamh fear	*an kooigew fär*	der 5. Mann
an siathamh fear	*an si'ew fär*	der 6. Mann
an seachdamh fear	*an seachkew fär*	der 7. Mann
an t-ochdamh fear	*an tochkew fär*	der 8. Mann
an naoidheamh fear	*an nöui'ew fär*	der 9. Mann
an deicheamh fear	*an dschäichew fär*	der 10. Mann

an t-aona fear deug *der erste Mann zehn*	*an tüona får dschiak*	der 11. Mann
an dàrna fear deug *der zweite Mann zehn*	*an daarna får dschiak*	der 12. Mann

Zeit und Datum

Im Schottisch-Gälischen wird der Tag in zweimal zwölf Stunden eingeteilt. Eine Uhrzeit wie 23 Uhr wird im Gälischen mit „11 Uhr abends“ formuliert. Es wird zwischen **'sa mhadainn** *ssa wattin* (morgens), abgekürzt **m,** bis 12 Uhr mittags, und **feasgar** *fäsker* (abends), abgekürzt **f,** unterschieden. Dies entspricht dem im Englischen gebrauchten Zusatz „a.m.“ (ante meridiem) und „p. m.“ (post meridiem).

Dè an uair a tha e?
dschee an uath a ha ä
was die Stunde welche ist es
Wie spät ist es?

mögliche Antworten

Tha e uair.	**Tha e dà uair.**	**Tha e trì uairean.**
ha ä uath	*ha ä daa uath*	*ha ä trii uathen*
ist es Stunde	*ist es zwei° Stunde*	*ist es drei Stunden*
Es ist ein Uhr.	Es ist zwei Uhr.	Es ist drei Uhr.

Das geht so weiter bis 10 Uhr. Aber dann kommt:

Tha e aon uair deug.
ha ä üon ua^th dschiak
ist es eins° Stunde zehn
Es ist elf Uhr.

Vorsicht bei 12 Uhr: Das Zahlwort **dà** (zwei) leniert, wie wir bereits wissen. Deswegen muss es **dà ... dheug** heißen.

Tha e dà uair dheug.
ha ä daa ua^th jiak
ist es zwei° Stunde zehn
Es ist zwölf Uhr.

cairteal an-dèidh ...
karschtschel an-dschäi
viertel nach
Viertel nach ...

cairteal gu ...
karschtschel gu
viertel auf(-etwas-zu)
Viertel vor ...

Tha e cairteal an-dèidh ceithir uairean feasgar.
ha ä karschtschel an-dschäi kehi^th ua^then fäsker
ist es viertel nach (-) vier Stunden Abend
Es ist 16 Uhr 15.

Halbe Stunden werden zur vollen Stunde dazugezählt. Man sagt also für „halb neun" wörtlich „halb nach acht“, wie im Englischen.

leth uair an-dèidh
lä ua^th an-dschäi
halb Stunde nach (-)
halb ...

Tha e leth uair an-dèidh aon uair deug.
ha ä lä ua^th an-dschäi üon ua^th dschiak
ist es halb Stunde nach (-) eins Stunde zehn
Es ist halb zwölf.

mionaid	*minadsch*	Minute
mionaidean	*minadschen*	Minuten

Tha am bus a' falbh aig còig mionaidean gu sia.
ha am bass a fallaw äk kooik minadschen gu schia
ist der Bus bei-Weggehen bei fünf Minuten auf sechs
Der Bus fährt um fünf vor sechs.

Bidh e ann an Glaschu aig deich mionaidean an-dèidh aon uair deug.
bii ä aun an Glassechu äk dschäich minadschen an-dschäi üon ua^th dschiak
sein-werden er in Glasgow bei zehn Minuten nach eins° Stunde zehn
Er wird um zehn nach elf in Glasgow sein.

Tha e meadhan-latha.
ha ä me'an-la'a
ist es Mitte-Tag
Es ist Mittag.

Tha e meadhan-oidhche.
ha ä me'an-oiche
ist es Mitte-Nacht
Es ist Mitternacht.

Allgemeine Zeitangaben

Die allgemeinen Zeitangaben können Sie als feste Ausdrücke an den Anfang oder das Ende eines Satzes stellen. Da es sich bei den Zeitangaben um feststehende Ausdrücke handelt, macht es meistens keinen Sinn, diese wortwörtlich zu übersetzen. Lernen Sie sie lieber als vokabelmäßigen Begriff.

Bidh cèilidh ann an ath h-oidhche.
bii keeli aun an a hoiche
sein-werden Fest in die nächste° Nacht
Morgen Abend gibt es ein Cèilidh.

Bidh mi a' tadhal air na h-eileanan airson mìos.
bii mi a ta'al äth na hällanen ärsson miios
sein-werden ich bei Bereisen auf die Inseln zum-Wohle-von Monat
Ich werde die Inseln für einen Monat bereisen.

latha (m)	*la'a*	Tag
seachdain (w)	*scheachkin*	Woche
deireadh-seachdaine (m) *Ende-Woche*	*dscheeragh-scheachkinje*	Wochenende
mìos (w)	*miios*	Monat
bliadhna (w)	*bliana*	Jahr
linn (m)	*liin*	Jahrhundert
an-dràsta	*an-draasta*	im Moment
an-diugh	*an-dschiu*	heute
an-dè	*an-dschee*	gestern
a bhòn-dè	*a won-dschee*	vorgestern
a-màireach	*a-maathach*	morgen
an-earar	*an-ärer*	übermorgen
a bhòn-raoir	*a won-röueth*	vorgestern Abend
an-raoir	*a-röueth*	gestern Abend
an ath h-oidhche *die nächste Nacht*	*an a hoiche*	morgen Abend / Nacht
an treas oidhche *die dritte Nacht*	*an tress oiche*	übermorgen Nacht
fad an latha *Länge des-2 Tages-2*	*fatt an la'a*	den ganzen Tag

am-bliadhna	*am bliana*	dieses Jahr
an-uiridh	*a nu^th^i*	letztes Jahr
an ath-bhliadhna *das nächste°-Jahr*	*an a-wliana*	nächstes Jahr
an t-seachdain seo *die° Woche dies*	*an tscheachkin scho*	diese Woche
an t-seachdain sa chaidh *die° Woche dies ging*	*an tscheachkin ssa chai*	letzte Woche
an ath-sheachdain *die nächste°-Woche*	*an a-heachkin*	nächste Woche
nise, a-nis	*nische, a-nisch*	jetzt
an uair sin *in Stunde jene*	*an urschinn*	dann
riamh	*riaw*	nie (Vergangenheit)
gu brath	*gu braach*	nie (in der Zukunft)
daonnan, an comhnaidh	*düonan, an gooni*	immer
gu tric	*gu trichk*	oft
a dh' aithghearr	*a ghaichjar*	bald
fhathast	*ha'ast*	schon
chan eil fhathast	*chan jäil ha'ast*	noch nicht
gu bhith	*gu wi*	fast

sa / san sind Verschmelzungen des Verhältniswortes **ann** *aun* (in) mit dem bestimmten Artikel.

sa mhadainn	*ssa wattin*	*in-dem-3° Morgen-3*	morgens
meadhan-latha	*me'an-la'a*	*Mitte-Tag*	mittags
san fheasgar	*ssan jäsker*	*in-dem-3° Abend-3*	abends
san oidhche	*ssan oiche*	*in-der-3° Nacht-3*	nachts

ceithir bliadhna air ais
kehi[th] bliana ä[th]asch
vier Jahre zurück
vor vier Jahren

ann an cola deug
aun an kolla dschiak
in (-) vier-Tage zehn
in vierzehn Tagen

o chionn tri mìosan
o chion trii miiosen
von Kopf drei Monate
seit drei Monaten

trì uairean a thìde
trii ua[th]en a hiidsche
drei Stunden der-2° Zeit-2
drei Stunden lang

Wochentage

Die Bedeutung der Wochentage im Schottisch-Gälischen beruht entweder auf mythologischer oder religiöser Überlieferung. Das Wörtchen **Di** *dschi* leitet sich aus dem lateinischen „dies" (Tag) ab. Heute werden die Wochentage oft auch in einem Wort geschrieben.

Di-Luain	*Dschi-Luain*	*Tag-(des-) Mondes*	Montag
Di-Màirt	*Dschi-Maarscht*	*Tag-(des-)Mars*	Dienstag
Di-Ciadain	*Dschi-Kiadan*	*Tag-(des-) ersten-Fastens*	Mittwoch
Di-Ardaoin	*Dschardüon*	*Tag-zwischen-zwei-Fasten*	Donnerstag
Di-Haoine	*Dschi-Hüonje*	*Tag-(des-) Fastens*	Freitag
Di-Sathairne	*Dschi-Ssahanje*	*Tag-(des-) Saturns*	Samstag
Di-Dòmhnaich	*Dschi-Doonich*	*Tag-(des-) Herrn*	Sonntag

In protestantischen Gegenden heißt der Sonntag **Latha na Sàbaid** *La'a na Ssaabitsch* („Tag des Sabbats").

Monatsnamen

Die Monatsnamen im Gälischen stehen immer mit dem bestimmten Artikel. Will man „im Januar" ausdrücken, benutzt man das Verhältniswort **anns** *auns* (im) und setzt den Monatsnamen samt seinem Artikel in den 3. Fall (Dativ). Hier muss natürlich auch wieder leniert werden (außer bei **d / t**).

anns an Fhaoilteach
auns an Uiltscheach
in dem-3° Januar-3
im Januar

anns an Dàmhair
auns an Daawe[th]
in dem-3° Oktober-3
im Oktober

am Faoilteach	*am Fuiltscheach*	Januar
an Gearran	*an Gerran*	Februar
am Màirt	*am Maarscht*	März
an Giblean	*an Giblan*	April
an Cèitean	*an Keetschan*	Mai
an t-Ògmhios	*an Toogwios*	Juni
an t-Iuchar	*an Tschiuchar*	Juli
an Lùnastal	*an Lunasdal*	August
an t-Sultain	*an Tultin*	September
an Dàmhair	*an Daawe*[th]	Oktober
an t-Samhain	*an Tauin*	November
an Dùbhlachd	*an Duulachk*	Dezember

Von Januar bis August sind die Monatsnamen männlich, von September bis Dezember sind sie weiblich. Nicht dass jemand auf die Idee kommt, hier wäre es mal einfach.

Ursprünglich basierten die gälischen Monatsnamen auf jahreszeitlichen Wetterlagen und bestimmten landwirtschaftlichen

Jahresabschnitten, die nicht immer mit unserer Monatseinteilung übereinstimmten. Daher wurde eine bestimmte Jahreszeit erst mit ihrem Namen benannt, wenn auch das dazu passende Wetter eingetroffen war. Heute entsprechen sie den zwölf Monaten des Jahres.

Festtage

saor-làithean *ssüorla'en*	Ferien
A' Bhliadhna Ùr *A Wliana Uur*	Neujahr
Latha na Bliadhna Ùire *Laa na Blia'na Uire*	Neujahrstag
An Carghas *An Karreghes*	Fastenzeit
Di-Haoine na Ceusda *Dschi-Hüonje na Keasta*	Karfreitag
A' Chàisg *A Chaaschk*	Ostern
aig àm na Càisge *äk aam na Kaaschke*	zur Osterzeit
A' Changais *A Changisch*	Pfingsten
Latha Bealltainn *Laa Bjealtin*	keltischer Sommeranfang (30.4. / 1.5.)
Oidhche Shamhna *Oiche Hauna*	keltischer Winteranfang / Neujahr (31.10. / 1.11.)
Fèill Anndrais *Feell Aundrisch*	St.-Andreas-Tag (30.11.)

an Nollaig *an Nollek*	Weihnachten
Latha na Nollaige *Laa na Nolleke*	Weihnachtstag
aig àm na Nollaige *äk aam na Nolleke*	zur Weihnachtszeit
Oidhche Challain *Oiche Challen*	Hogmanay, Silvester

Jahreszeiten

an geamhradh (m)	*an geauregh*	der Winter
sa gheamhradh	*ssa jauregh*	im Winter
an t-earrach (m)	*an tschärrach*	der Frühling
as t-earrach	*ass tschärrach*	im Frühling
an samhradh (m)	*an ssauregh*	der Sommer
as t-samhradh	*ass tauregh*	im Sommer
am foghar (m)	*am fo'er*	der Herbst
as t-fhoghar	*ass to'er*	im Herbst

Datum

Datumsangaben bildet man mit den Ordnungszahlen, z. B. „der 4. Tag des Januars".

Di-Sathairne an ceathramh latha den Fhaoilteach
Dschi-Ssahanje an keraw la'a dschen uiltscheach
Tag-(des-)Saturn der vierte Tag von dem Januar
Samstag, der 4. Januar

Wäre dieses Buch vor der Jahrtausendwende erschienen, hätten Sie auch noch sehr schöne Jahreszahlen lernen können. Aber glücklicherweise sind wir ja im 21. Jahrhundert angelangt.

naoi ceud deug ceithir fichead 's a h-ochd deug
nöui kiad dschiak kehith fichets a hochk dschiak
neun hundert zehn vier zwanzig und (-) acht zehn
1998

dà mhìle
daa wiile
zwei tausend
2000

dà mhìle 's a còig
daa wiiles a kooik
zwei tausend und fünf
2005

anns a' bhliadhna dà mhìle 's a ceithir
auns a wliana daa wiiles a kehith
in dem-3° Jahr-3 zwei tausend und (-) vier
im Jahre 2004

Schottisch-Gälisch sprechen

In diesem Abschnitt geht es um folgende wichtige Themen:

Schafe: Rechnen Sie bitte nicht damit, dass die Tiere Ihnen auf der Straße ausweichen werden. Auch Hupen hilft überhaupt nichts – nur Geduld ... (siehe S. 102).

Auch wenn es drinnen drückend heiß ist – widerstehen Sie in jedem Fall der Versuchung, in einem Pub das Fenster zu öffnen. Die unzähligen **Mücken** sollen nämlich lieber draußen bleiben (siehe S. 162).

Nicht verwechseln: Die Abkürzungen **„M" und „F"** an gälisch beschrifteten Toilettentüren bedeuten nicht etwa „male" und „female", sondern **Mnathan** (Frauen) und **Fir** (Männer) (siehe S. 123).

Schottische Pfund sind in Deutschland teilweise nur schwierig zurückzutauschen. Geben Sie sie lieber vor Ort aus oder tauschen Sie sie vor der Rückkehr in englische Pfund (siehe S. 172).

Wörter, die weiterhelfen

Mit den folgenden Floskeln kommen Sie auf die Schnelle erst mal zurecht. Die farbig hinterlegten Wörter können Sie nach Bedarf durch andere Begriffe austauschen.

Wo ist / sind ... ?

Càite a bheil an taigh-beag?
kaatsch a wäil na tai-bäk
wo (-) ist das Haus-klein
Wo ist die Toilette?

Ich suche ...

Tha mi a' lorg seòmar.
ha mi a lorrek schoomer
ist ich bei Suchen Zimmer
Ich suche ein Zimmer.

Ich brauche ...

Feumaidh mi ticead.
feemi mi tichket
benötigen ich Fahrschein
Ich brauche ein Ticket.

Gibt es ... ?

A bheil taigh-òsta ann?
a wäil tai-oosta aun
FP ist Haus-Gast in
Gibt es ein Hotel?

mögliche Antworten

Nein.	Ja.
Chan eil.	**Tha.**
chan jäil	*ha*
nicht° ist	*ist*
Nein.	Ja.

Haben Sie ... ?

A bheil bainne agaibh?
a wäil bannje akiw
FP ist Milch bei-euch
Haben Sie Milch?

Wie viel kostet ... ?

Dè tha pinnt a' cosg?
dschee ha piintsch a kosk
was ist Pint bei Kosten
Was kostet ein Pint Bier?

Das kostet ...

Tha sin a' cosg ... not / Eòro.
ha schinn a kosk ... nocht / Eooro
ist jenes bei Kosten ... Pfund / Euro
Das kostet ... Pfund / Euro.

Dè tha sin a' ciallachadh?
dschee ha schinn a kiallachagh
was ist dies bei Bedeuten
Was bedeutet das?

Bruidhinn gu mall!
bri'in gu maull
sprich U langsam
Bitte sprich langsam!

Bruidhnibh gu mall!
briniw gu maull
sprecht U langsam
Bitte sprechen Sie langsam!

An sgrìobh thu / sibh sin sìos dhomh?
an skriiw u / schiiw schinn schiios gho
FP schreiben-werden du / ihr jenes nieder zu-ich
Kannst du / Können Sie mir das aufschreiben?

Land und Leute verstehen: Kurz-Knigge

Schottland unterscheidet sich in vielem von seinem englischen Nachbarn, etwa durch ein eigenes Rechts- und Erziehungssystem – und darauf ist man auch stolz. Vor allem aber ist Schottland ein dreisprachiges Land. Neben Englisch und Gälisch wird im Osten des Landes auch noch das dem Englischen und Deutschen verwandte Scots gesprochen.

Die Schotten lieben ihr Land und gehen selbstverständlich davon aus, dass Besucher dies ebenso tun. Die grandiose Landschaft und die Herzlichkeit der Bewohner machen einem dies allerdings auch sehr leicht. Sollten Sie sich die Mühe machen, Gälisch zu lernen und zu sprechen, öffnet sich Ihnen die Tür zu einer faszinierenden Kultur. Zeigen Sie Interesse, ohne die Einheimischen zu überfordern. Zu oft sind in den vergangenen Jahrhunderten Besatzer oder Kolonisten über die gälischsprachige Bevölkerung hergefallen und haben ihr versucht beizubringen, was gut und richtig ist, und was sie tun und lassen sollte. Als Tourist wird man Ihnen mit wohlwollender Neugier, aber auch mit freundlicher Distanz begegnen. Letzteres besonders an den touristischen Hotspots, die unter zunehmendem **Übertourismus** leiden. Es ist mehr als verständlich, dass Einheimische gereizt reagieren, wenn ihnen täglich mehrmals alles zugeparkt wird, nur weil in der Nähe dieser Steinkreis steht, den jeder sehen will. Touristen sind nach wie vor herzlich willkommen, aber es wird erwartet, dass man die Regeln vor Ort respektiert.

Schottland ist ein **sicheres Reiseland**. Im Hochland und auf den Inseln werden oft die Haustüren nicht abgeschlossen, weil Kriminalität so gut wie unbekannt ist. In den Großstädten gibt es ähnlich wie bei uns Gegenden, wo man sein Laptop nicht unbedingt auf dem Autorücksitz liegen lassen sollte. Aber dies sind auch nicht unbedingt die touristisch interessanten Ecken.

Schotten sind übrigens keineswegs geizig. Allerdings wird darauf geachtet, dass Freigiebigkeit keine einseitige Sache bleibt (siehe auch Kapitel „Im Pub“).

Religiöse Unterschiede können in Schottland sehr stark sein. Schottland ist größtenteils protestantisch, nur in einigen westlichen Gebieten und Inseln hat der Katholizismus die Reformation überstanden. Auf den Hebrideninseln und Skye ist **an Eaglais Shaor** *an Äklisch Hüor* (die Freikirche) sehr stark vertreten. Da dann am Sonntag jegliche weltliche Betätigung ruht, finden Sie auf Lewis oder Harris am Sonntag kein offenes Geschäft, alle Tankstellen sind zu, eine Fähre fährt auch nicht. Freizeitaktivitäten sind sonntags nicht gern gesehen. Nehmen Sie Rücksicht. Auch wenn die Diskussion darüber teilweise erbittert geführt wird, sollten Sie sich höflich einer Meinung enthalten. Die Bevölkerung gibt sich sonntags dem ausführlichen Bibelstudium hin und besucht mehrmals am Tag die Kirche. Auch wenn Sie nicht gläubig sind, ist der Besuch eines gälischen Gottesdienstes, gleich welcher Konfession, absolut empfehlenswert. In freikirchlichen

Gottesdiensten werden wunderschöne Choräle gesungen, und auch in katholischen Messen ertönen sehr hörenswerte Kirchenlieder. Sie werden nach der Messe bestimmt Gelegenheit haben, Ihr Gälisch auszuprobieren.

Wenn Sie zum **Wandern** nach Schottland kommen, können Sie grundsätzlich immer querfeldein wandern, da das Recht des freien Weges gilt. Eingezäunte Grundstücke lassen sich meistens durch ein Gatter betreten, welches hinterher unbedingt wieder geschlossen werden sollte. Im Zweifelsfall fragen Sie die Einheimischen nach dem richtigen Weg.

Besonders im Westen und Norden in den einsamen Gegenden gibt es lediglich einspurige Straßen. Sie sind ungefähr so breit wie unsere Feldwege, und alle Autos fahren in der Mitte. Etwa alle 300 Meter sind Ausweichstellen angelegt, so genannte **Passing Places.** Wer einer solchen Stelle am nächsten kommt, hält sich links und lässt den Gegenverkehr passieren. Die aneinander vorbeifahrenden Autofahrer grüßen sich dabei zum Dankeschön. Auch ist es üblich, schnelleren Fahrzeugen das Überholen an den Passing Places zu ermöglichen. Passing Places sind definitiv keine Parkplätze, um mal schnell ein Foto zu machen. Damit kann man sogar den geduldigsten Schotten in Rage versetzen.

Sollten Sie das Schild **„Unsuitable for Caravans“** (ungeeignet für Wohnwagen) sehen, dann ist das auch so. Sie bleiben mit Ihrem Wohnmobil an der nächsten Kurve hängen oder setzen auf. Und dann können Sie sich auch noch den Spott der „locals“ anhören.

Oft laufen **Schafe** im Hochland frei herum und liegen oder stehen auf der Straße. Fahren Sie langsam auf die Tiere zu und rechnen Sie keinesfalls damit, dass Schafe rechtzeitig weglaufen, wenn Sie heranbrausen. Auch Hupen hilft überhaupt nicht. Sollten Sie ein Schaf angefahren haben, informieren Sie jemanden im nächsten Ort.

Auf den Inseln werden Sie **Torf** säuberlich geschichtet in der Landschaft liegen sehen. Dies ist das Heizmittel für die ansässige Bevölkerung und wurde in anstrengender Arbeit gestochen. Wenn Sie Torf als Souvenir haben möchten, fragen Sie bitte danach und nehmen Sie nicht einfach ein Stück weg.

Sehr beliebt in den letzten Jahren ist es bei einigen Touristen, **Steinspiralen** irgendwo in die Landschaft zu legen. Das mag ihnen gefallen, den Einheimischen, die ihre Landschaft schützen wollen, aber nicht. Sie werden nach der Touristensaison in mühevoller Arbeit wieder abgebaut. Im Gebirge finden Sie oft kleine Steinhaufen, sogenannte **carns**. Sie dienen der Orientierung in der unwegsamen Natur. Legen Sie gerne einen Stein darauf, wenn Sie daran vorbeikommen. Aber bauen sie keine neuen irgendwo, weil es schön aussieht. Wanderer könnten versuchen, sich daran zu orientieren und laufen in die Irre!

Schottisch-gälische Namen und Anrede

Für viele Vornamen gibt es im Schottisch-Gälischen Entsprechungen. Einige Vornamen sind typisch schottisch und haben im Deutschen kein Äquivalent. Gälische Namen sind sehr beliebt, transportieren sie doch schottische Identität. Alle gälischen Vornamen haben auch eine anglisierte Entsprechung; in einer gälischen Unterhaltung wird man allerdings immer die gälischen hören.

Anredefall

Der Anredefall wird gebildet, indem der erste Mitlaut des englischen Namens – wenn möglich – leniert wird. Bei männlichen Vornamen wird die letzte Silbe zusätzlich „aufgehellt", indem nach dem letzten Selbstlaut ein **i** eingefügt wird. Vor Namen, die mit einem Mitlaut beginnen, wird ein **a** gesetzt.

Auch ausländische Namen werden manchmal leniert. Das sieht dann ganz lustig aus, z. B. so: **A Khlaus** *A Chlaus*.

Bei den Jungs wird der Name leniert und in der letzten Silbe aufgehellt. Was war das nochmal? – Ach ja, ein **i** als letzter Vokal.

engl. Name	gälischer Name		Anrede	
James	**Seumas**	*Scheemas*	**A Sheumais!**	*A Heemasch*
Donald	**Dòmhnall**	*Doonal*	**A Dhòmhnaill!**	*A Ghonail*
John	**Iain**	*Iain*	**Iain!**	*Iain*
Charles	**Tèarlach**	*Tschärlach*	**A Thèarlaich!**	*A Hjärlich*
Michael	**Mìcheal**	*Miichal*	**A Mhìcheil!**	*A Wiechil*

Die lenierte Form von **Seumas** ist im englischsprachigen Raum zu einem Vornamen mit eigener Schreibweise geworden: „Hamish". Bei den Mädels wird nur leniert.

engl. Name	gälischer Name		Anrede	
Maria	**Màiri**	*Maathi*	**A Mhàiri!**	*A Waathi*
Marion	**Mòrag**	*Moorak*	**A Mhòrag!**	*A Woorak*
Joan	**Seonag**	*Schonak*	**A Sheonag!**	*A Hjonak*
Anna	**Anna**	*Anna*	**Anna!**	*Anna*

Nachnamen

Die Nachnamen im Gälischen drücken häufig die Herkunft oder die Zugehörigkeit zu einem Clan aus. John MacDonald wird im Gälischen zu **Iain MacDhòmhnaill** *Iain Machkghoonil* („Johannes Sohn des Donald"), Mary MacDonald wird zu **Màiri NicDhòmhnaill** *Maathi Nichkghoonil* („Maria, Tochter des Sohnes des Donald").

Es gibt auch Nachnamen ohne das typische **Mac** oder **Nic.** Aus Peter Cameron wird im Gälischen **Peadar Camshron** *Petter Kameronn*. Familiennamen, die nicht mit **Mac** oder **Nic** beginnen, werden leniert, wenn es sich um eine weibliche Namensträgerin handelt. Aus Elisabeth Cameron wird im Gälischen **Ealasaid Chamshron** *Ealassitsch Chameronn*.

Im Jahr 2005 gelang es, ein Gesetz zum Schutz der gälischen Sprache durchzusetzen, so dass Namen in offiziellen Dokumenten nun auch auf Gälisch geschrieben werden dürfen und diese dann auch rechtskräftig sind. Das gilt insbesondere für Bankgeschäfte, vorausgesetzt, dass die gälische Namensform bei der Bank hinterlegt wurde.

Begrüßen und Verabschieden

Obwohl es im Schottisch-Gälischen Bezeichnungen für „Herr“ und „Frau“ gibt, wird man meistens das englische „Mister", „Ms“ oder „Missis" mit der gälischen Namensform hören.

Aussprache-beispiele

Zur Begrüßung reicht man sich in Schottland nicht die Hand, sondern stellt sich gegenseitig vor. Dies schließt auch die Begleitung ein, und es wird als höflich empfunden, auch mit der Begleitung einige Worte zu wechseln. Die Begrüßung und Verabschiedung funktioniert ansonsten im Großen und Ganzen wie im Deutschen. Es gibt eine Anredeform zum Duzen und eine zum Siezen, nur dass im Gälischen ja „geeucht“ wird. Das bedeutet, dass man die 2. Person Mehrzahl als Anrede benutzt, wenn das Gegenüber älter, unbekannt oder gesellschaftlich höhergestellt ist.

Oft wird man sich schon bald mit Vornamen und höflicher Form anreden, bis dann irgendwann das Du ausbricht. Jemandem offiziell das Du anzubieten, ist nicht üblich. Man muss die Situation erfassen, um nicht unhöflich zu erscheinen. Selbst wenn ein älterer oder höhergestellter Mensch Sie selbst duzen sollte, heißt das nicht, dass Sie das auch tun sollten.

Deutsche neigen dazu, bei einem Gespräch sehr schnell zur Sache zu kommen. Schotten sind da anders. Nach der Begrüßung wird man immer grundsätzlich nach dem Wohlbefinden gefragt, und es wird auch eine höfliche Gegenfrage erwartet. Erst nachdem das Wetter der letzten Tage ausgiebig diskutiert wurde, nähert man sich dann dem eigentlichen Zweck des Gesprächs.

Begrüßen

Madainn mhath!
mattin wa
Morgen° gut
Guten Morgen!

Latha math!
la'a ma
Tag gut
Guten Tag!

Feasgar math!
fäsker ma
Abend gut
Guten Abend! (sagt man ab ca. 14 Uhr)

Ciamar a tha thu / sibh?
kimmer a ha u / schiiw
wie (-) ist du / ihr
Wie geht es dir / Ihnen?

Dè mar a tha thu / sibh?
dschee mar a ha u / schiiw
was (-) (-) ist du / ihr
Wie geht es dir / Ihnen?
(auf Lewis verbreitete Variante der Frage)

Tha mi gu math.
ha mi gu ma
ist ich U wohl
Es geht mir gut.

Tha i brèagha an-diugh, nach eil?
ha i bri'a an dschiu, nach äil
ist sie schön heute nicht° ist
Es ist schön heute, nicht wahr?

Ò tha!
o ha
oh ist
Aber ja!

Dè do naidheachd?
dschee do nai'acht
was deine° Nachricht
Was gibt es Neues?

mögliche Antworten

Chan eil dad.
chan jäil dat
nicht° ist nichts
Nichts.

Och dìreach mar as àbhaist.
ooch dschii[th]*ach mar ass aawischt*
och gerade wie welches-ist Gewöhnliches
Ach, nichts Neues.

Verabschieden

Der englische Abschiedsgruß „cheers" ist ins Gälische eingeflossen:

Tìoraidh an-dràsta.
tschiiri an-draasda
tschüss im Moment
Tschüss dann!

Ursprünglich und bis heute gebräuchlich ist die folgende Verabschiedung. Der Bleibende sagt:

Slàn leat / leibh!
slaan lät / läiw
gesund mit-du / -ihr
Bleib / Bleiben Sie gesund!

oder:

Beannachd leat / leibh!
beannachk lät / läiw
Segenswünsche mit-du / -ihr
Segenswünsche seien mit dir / Ihnen!

Antwort auf diese Verabschiedung

Mar sin leat / leibh!
mar schinn lät / läiw
wie jenes mit-du / mit-ihr
So auch dir / Ihnen!

Heute sagen oft auch beide einfach nur **mar sin leat / leibh,** da ohnehin jeder weiß, was gemeint ist.

Oidhche mhath!
oiche wa
Nacht° gut
Gute Nacht!

Das erste Gespräch

Ob Sie in einer Pension mit einer Tasse Tee empfangen werden oder neben jemandem im Bus sitzen – Ihr erstes gälisches Gespräch wird mit ziemlicher Sicherheit so oder so ähnlich ablaufen:

Halò, madainn mhath!
hallo, mattin wa
hallo Morgen° gut
Hallo, guten Morgen!

Halò, dè an t-ainm a th' ort / oirbh?
hallo, dschee an tännem a horscht / othiw
hallo was der Name welcher ist auf-du / auf-ihr
Hallo, wie heißt du / heißen Sie?

'S e Seòras an t-ainm a th' orm.
schä Schoorass an tännem a horrem
ist es G. der Name welcher ist auf-ich
Ich heiße Georg.

A Shèorais, ciamar a tha thu / sibh?
A Heeorisch, kimmer a ha u / schiiw
oh° Georg wie (-) ist du / ihr
Georg, wie geht es dir / Ihnen?

Tha gu math, tapadh leat / leibh.
ha gu ma, tachpa lätt / läiw
ist U gut dank mit-du / mit-ihr
Es geht mir gut, danke.

Ciamar a tha thu/ sibh fhèin?
kimmer a ha u / schiiw hein?
wie (-) ist du / ihr selbst
Wie geht es dir / Ihnen selbst?

Cò às a tha thu / sibh?
ko ass a ha u / schiiw
wer aus (-) ist du / ihr
Woher kommst du / kommen Sie?

Tha mi às a' Ghearmailt / às an Ostair / às an Eilbhis.
ha mi ass a Jerremaltsch / ass an Oste[th] / ass an Ellewisch
bin ich aus die-3° Deutschland-3 / die-3° Österreich-3 / die-3° Schweiz-3
Ich bin aus Deutschland / Österreich / der Schweiz.

Ländernamen sind immer weiblich und stehen meistens mit Artikel. Ausnahmen sind Schottland, Irland, England und Länder, in die Schotten ausgewandert sind (USA, Kanada, Australien, Neuseeland).

Länder		
A' Bheilg	*A Wellek*	Belgien
A' Bhreatainn Bheag	*A Wrätan Wäk*	Bretagne
Breatainn	*Bräachtan*	Britannien
An Danmharg	*An Dannewark*	Dänemark
A' Ghearmailt	*A Jerremaltsch*	Deutschland
An Fhionnlainn	*An Iunnlan*	Finnland
An Fhraing	*An Raink*	Frankreich
Sasainn	*Ssassinn*	England
An Òlaind	*An Oolant*	Holland

Länder		
Èirinn	*Eethin*	Irland
An Eadailt	*An Ädaltsch*	Italien
Èrinn a Tuath	*Eethin a Tua*	Nordirland
Nirribhidh	*Nirrivi*	Norwegen
An Ostar	*An Osteth*	Österreich
Alba	*Allepa*	Schottland
An t-Suain	*An Tuan*	Schweden
An Eilbhis	*An Ällewisch*	Schweiz
An Spàinnt	*An Spaantsch*	Spanien
A' Chuimrigh	*A Chümmethi*	Wales

Càite a bheil thu / sibh a' fuireach?
kaatsch a wäil u / schiiw a futhach
wo (-) ist du / ihr bei Bleiben
Wo wohnst du / wohnen Sie?

Tha mi a' fuireach ann am Bonn / an Hamburg.
ha mi a futhach aun am Bonn / an Hamburg
ist-ich bei Bleiben in Bonn / Hamburg
Ich wohne in Bonn / Hamburg.

Dè cho fad 's a tha thu / sibh ann an Alba?
dschee cho fat ssa ha u / schiiw aun an Allepa
was so lange und ist (-) du / ihr in Schottland
Wie lange bist du / sind Sie in Schottland?

Bidh mi an-seo airson seachdain / cola-deug / mìos.
bii mi an-scho ärsson scheachkin / kolla-dschiak / miios
sein-werden ich hier für Woche / vier-Tage-zehn / Monat
Ich bin hier für eine Woche / vierzehn Tage / einen Monat.

An ann air saor-làithean a thàinig thu?
an aun äth ssüor-lai'en a haanik u
FP-ist darin auf frei-Tage dass kamst du
Machst du hier Ferien?

Tha mi airson coiseachd.
ha mi ärsson koschachk
bin ich für Wandern
Ich möchte wandern.

Tha mi airson iasgach / sealg.
ha mi ärsson iasgach / schällak
bin ich für Fischen / Jagen
Ich möchte fischen / jagen.

Tha mi ag ionnsachadh Gàidhlig.
ha mi ak iunsachagh Gaalik
bin ich beim Lernen Gälisch
Ich lerne Gälisch.

Dè an aois a tha thu/sibh?
dschee n üoisch a ha u / schiiw
was das Alter welches ist du/ihr
Wie alt bist du / sind Sie?

Tha mi ochd bliadhna air fhichead a dh'aois.
ha mi ochk bliana äth ichet a ghüoisch
bin ich acht Jahre auf° zwanzig von (-) Alter
Ich bin 28 Jahre alt.

A bheil thu / sibh pòsta?
a wäil u / schiiw poosta
FP ist du / ihr verheiratet
Bist du / Sind Sie verheiratet?

Tha cèile agam.
ha keele akam
ist Partner bei-ich
Ich habe eine/n Freund/-in.

A bheil clann agad / agaibh?
a wäil klaun akat / akiw
FP ist Kinder bei-du / bei-ihr
Hast du / Haben Sie Kinder?

Tha, tha mac agus nighean agam.
ha, ha machk ages ni'en akam
ist ist Sohn und Tochter bei-ich
Ja, einen Sohn und eine Tochter.

Dè an obair a th' agad / agaibh?
dschee an ope[th] a hakat / akiw
was die Arbeit welche ist bei-dir / bei-ihr
Welchen Beruf hast du / haben Sie?

'S e oileanach a th' annam.
schä ollannach a hannem [hunnem]
ist es Student welcher ist in-ich
Ich bin Student.

Weitere Wörter zum Einsetzen		
clèireach (m)	*klee[th]ach*	Angestellter
obraiche (m)	*opriche*	Arbeiter
bèicear (m)	*bäichke[th]*	Bäcker
tuathanach (m)	*tua'anach*	Bauer
post (m)	*post*	Briefträger
croitear (m)	*kroichtscher*	Crofter (Kleinbauer)

Weitere Wörter zum Einsetzen		
dotair (m)	*dochte*th	Doktor
iasgair (m)	*iasge*th	Fischer
rannsaichear (m)	*raunsicher*	Forscher, Wissenschaftler
gruagaire (m)	*gruaga*th*e*	Friseur
bean-taighe (w)	*bän-tähe*	Hausfrau
innleadair (m)	*iinläde*th	Ingenieur
banaltram (w)	*bannaltram*	Krankenschwester
neach-teagaisg (m)	*neach tschägischk*	Lehrer/in
peantair (m)	*pännte*th	Maler
ceòladair (m)	*keoolade*th	Musiker/in
ollamh (m)	*ollaw*	Professor/in
seinneadair (m)	*schännade*th	Sänger/in
sgoilear (m)	*skoller*	Schüler/in
maraiche (m)	*mariche*	Seemann
rùnaire (m)	*ruuna*th*e*	Sekretär/-in
saor (m)	*ssüor*	Tischler
rèiceadair (m)	*reechkade*th	Verkäufer
fiaclair (m)	*fiachkle*th	Zahnarzt
eòlaiche-coimpiutair	*jeoliche compi-jute*th	Computer-Spezialist

An toil leat / leibh an obair seo?
an toll lät / läiw an opeth *scho*
ist Wunsch mit-du / mit-ihr die Arbeit diese
Magst du / Mögen Sie diese Arbeit?

Darauf kann geantwortet werden mit:			
Is toil.	*s toll*	*ist Wunsch*	Ja.
Cha toil.	*cha toll*	*nicht°-ist Wunsch*	Nein.

Bitten, Danken, Wünschen

Im Gälischen drückt man sich immer sehr höflich aus. Das geschieht meistens über feststehende Ausdrücke.

etwas anbieten

Am bu toil leat / leibh tì?
am bu toll lät / läiw tii
FP wäre Wunsch mit-du / mit-ihr Tee
Möchtest du / Möchten Sie Tee?

mögliche Antworten

Bu toil.
bu toll
wäre Wunsch
Ja.

Cha bu toil, tapadh leat / leibh.
cha bu toll, tachpa lät/läiw
nicht° wäre Wunsch Dank mit-du / mit-ihr
Nein, danke.

Dè b' fheàrr leat/leibh, fìon dearg neo fìon geal?
dschee b'eaar lät / läiw, fiion dschärrak no fiion gäl
was wäre besser mit-du / mit-ihr Wein rot oder Wein hell
Was möchtest du / möchten Sie lieber, Rotwein oder Weißwein?

B' fheàrr leam fìon dearg.
b' eaar läm fiion dschärrak
wäre besser mit-ich Wein rot
Ich bevorzuge Rotwein.

bitte (beim Überreichen)

'S e do bheatha.
schä do wäha
ist Er (=Gott) dein° Leben
Bitte sehr! (an eine Person)

'S e ur beatha.
schä ur bäha
ist Er (=Gott) euer Leben
Bitte sehr! (an mehrere Personen / höfliche Form)

danken

Tapadh leat / leibh.
tachpa lät / läiw
Dank mit-du / mit-ihr
Danke.

Mòran Taing!
mooran taing
vieles Dank
Vielen Dank!

wünschen

Nollaig chridheil dhut / dhuibh!
Nollek chri'el ghut / ghuiw
Weihnachten° herzlich zu-du / zu-ihr
Frohe Weihnachten!

Meal do naidheachd!
meal do nai'achk
genieße deine° Nachricht
Herzlichen Glückwunsch!

Bliadhna Ùr Mhath!
bliana Uur Wa
Jahr° neu gut
Frohes Neues Jahr!

Cò-latha breith sona dhut / dhuibh!
koo-la'a bree ssonna ghut / ghuiw
Tag Geburt glücklich zu-du / zu-ihr
Herzlichen Glückwunsch zum Geburtstag!

Diesen Trinkspruch benutzen Sie, wenn Sie es wirklich gut mit jemandem meinen:

Gu math fada beò thu agus ceò às do thaigh!
gu ma fata beoo u ages keoo ass do hai
dass gut lang lebendig du und Rauch aus dein° Haus
Auf dass du lange leben mögest und immer der Schornstein raucht!

Turas math sàbhailte dhut / dhuibh!
turass ma ssaawiltsche ghut / ghuiw
Reise gut sicher zu-du / zu-ihr
Gute und sichere Reise!

Das Wetter

Jedes auch noch so kurze Gespräch wird einen Kommentar über das Wetter einschließen. Das hilft zum einen dabei, unverbindliche und freundliche Konversation zu machen, zum anderen bekommt ein Gesprächspartner auf diese Weise heraus, wie viel Gälisch Sie können. Das Wetter ist im Gälischen immer weiblich, deshalb wird es durch das weibliche persönliche Fürwort **i** (sie) vertreten.

an t-sìde (w)	*an tschiidsche*	das Wetter
an t-uisge (m) *das Wasser*	*an tüschke*	der Regen
an sneachd (m)	*an schneachk*	der Schnee
an t-adhar (m)	*an ta'ar*	der Himmel
a' ghrian (w)	*a ghrian*	die Sonne
a' ghealach (w)	*a ghälach*	der Mond
bogha-froise (m)	*bo'a-froosch*	Regenbogen

brèagha	*bri'a*	schön
fuar	*fuar*	kalt
fliuch	*fluch*	feucht
garbh	*garrew*	übel
ceòthach	*kjoo'ach*	neblig
grianach	*grianach*	sonnig
blàth	*blaa*	warm
teth	*tschä*	heiß

Tha i stoirmeil.
ha i stothemel
ist sie stürmisch
Es ist stürmisch.

Tha i sgothach.
ha i sko'ach
ist sie wolkig
Es ist bewölkt.

Die Insel Skye wird auch häufig **Eilean a' Cheò** *Ällan a Cheoo,* „Insel des Nebels", genannt. Sie werden bald feststellen, wieso.

Tha tàirneanaich is dealanaich ann.
ha taarneanich is dschälanich aun.
ist Donner und Blitz da
Es gewittert.

Tha i brèagha an-diugh, nach eil?
ha i bri'a an-dschiu, nach äil
ist sie schön heute dass-nicht ist
Es ist schön heute, nicht wahr?

Tha, ach bidh an t-uisge ann a-màireach.
ha, ach bii an tüschke aun a-maathach
ist aber sein-werden das Wasser da morgen
Ja, aber morgen wird es regnen.

Tha mi an dòchas nach bi!
ha mi an doochas nach bi
ist ich in Hoffnung dass-nicht sein-werden
Ich hoffe nicht.

Zu Gast sein

Wird man in Schottland privat eingeladen, freuen sich die Gastgeber, wenn man etwas mitbringt. Das kann eine Packung Kekse oder deutsche Gummibärchen sein, oder abends auch eine Flasche Wein. Ich habe für solche Fälle immer ein oder zwei Flaschen deutschen Wein von zu Hause dabei. Wenn sich keine Einladung ergibt, findet man garantiert jemanden, der beim Austrinken hilft.

Aussprachebeispiele

Thig / Thigibh a chèilidh oirnn a-nochd!
hik / hikiw a cheeli othin a-nochk
komm / kommt zu° Besuch auf-wir heute-Abend
Komm / Kommen Sie heute Abend zu uns!

Thig / Thigibh a-steach!
hik / hikiw e-schtscheach
komm / kommt in-Haus
Komm / Kommen Sie rein!

Suidh / Suidhibh sìos!
ssui / ssui'iw schiios
sitz / setzt nieder
Setz dich / Setzen Sie sich!

An toil leat / leibh cupa tì?
an toll lät / läiw kuchpa tii
FP-ist Wunsch bei-du / bei-ihr Tasse Tee
Möchtest du / Möchten Sie eine Tasse Tee?

Seo dhuibh!
scho ghuiw
hier zu-ihr
Das ist für Sie! (beim Überreichen des Mitbringsels)

Sin mo bhean.
schinn mo wän
jene meine° Frau
Das ist meine Frau.

Sin an duine agam.
schinn an dünje akam
jener der Mann bei-ich
Das ist mein Mann.

an teaghlach (m)	*an tschealach*	Familie
pàrantan (m)	*paarantan*	Eltern
seanair (m)	*schäne*[th]	Großvater
seanmhair (w)	*schänawe*[th]	Großmutter
màthair (w)	*maahe*[th]	Mutter
athair (m)	*ahe*[th]	Vater
bràthair (m)	*braahe*[th]	Bruder
piuthar (w)	*piuher*	Schwester
nighean (w)	*ni'en*	Tochter
mac (m)	*machk*	Sohn
clann (w)	*klaun*	Kinder
uncail (m)	*unkel*	Onkel
antaidh (w)	*aunti*	Tante

Es gibt zwar gälische Wörter für Onkel und Tante, aber die sind recht kompliziert, daher hat man sich hier mit englischen Entlehnungen beholfen.

Tha mi toilichte ur coinneachadh / do choinneachadh.
ha mi tollichtsche ur konneachagh / do chonneachagh
ist ich glücklich euer Sehen / dein° Sehen
Ich freue mich, Sie / dich kennen zu lernen.

Unterwegs

Schottland ist kein Land für einen Strandurlaub, es sei denn, 15 Grad Wassertemperatur schrecken Sie nicht. Die meisten Besucher machen eine Rundreise mit dem eigenen Wagen. Reisen Sie langsam, nehmen Sie sich Zeit. Wenn Sie wandern möchten, sind Sie hier richtig und können besonders auf den Inseln mit Einheimischen schnell über das Gesehene auf Gälisch fachsimpeln.

zu Fuß

Gabhaibh mo leisgeul, càite a bheil an stèisean?
gawiw mo leschkeal, kaatsch a wäil an steeschen
nehmt meine Entschuldigung wo (-) ist der Bahnhof
Entschuldigung, wo ist der Bahnhof?

stèisean (m)	*steeschen*	Bahnhof
bùth leabhraichean (w) *Laden Bücher*	*buu ljoorichen*	Buchhandlung
stad a' bhus (m) *Halt des-2 Busses-2*	*stat a wass*	Bushaltestelle
clach-chuimhne (w) *Stein-Erinnerung*	*klach-chuinje*	Denkmal
bùth (w)	*buu*	Geschäft
tursach/-an (m)	*tursach/-an*	Hinkelstein/e
taigh-dhealbh (m) *Haus-Bild*	*tai-jällaw*	Kino
eaglais (w)	*äklisch*	Kirche
ceàrnag-mhargaidh (f) *Platz Markt-2*	*kjernak marragi*	Marktplatz
taigh-tasgaidh (m) *Haus-Bewahren-2*	*tai-taski*	Museum

pàirc (w)	*paark*	Park
talla a' bhaile (m) *Halle der-2 Stadt-2*	*talla a walle*	Rathaus
amar-snàimh (m) *Wanne-Schwimmen*	*amer-snaaw*	Schwimmbad
talla-baile (m)	*talla-balle*	Stadthalle
rathad (m)	*ra'at*	(Land-)Straße
oilthigh (m)	*ollhai*	Universität
slighe (w)	*schli'e*	Weg

Ciamar a ruigeas mi an taigh-taisgaidh?
kimmer a rukes mi an tai-taski
wie (-) erreichen ich zu-dem-3° Haus-Bewahren-3
Wie komme ich zum Museum?

An urrainn dhomh coiseachd ann?
an urrinn gho koschachk aun
FP-ist Fähigkeit zu-ich Wandern in
Kann ich dahin laufen?

Darauf kann geantwortet werden mit:

'S urrainn.	*ssurrinn*	*ist Fähigkeit*	Ja.
Chan urrainn.	*chan urrinn*	*nicht°-ist Fähigkeit*	Nein.

Càite am faigh mi càr air mhàl?
Caatsch am fai mi caar äth waal?
Wo FP bekommen ich Auto zu mieten
Wo kann ich ein Auto mieten?

Càite am faigh mi rothair-dealain air mhàl?
Caatsch am fai mi rothetth-dschälain äth waal?
Wo FP bekommen ich Rad-Strom zu mieten
Wo kann ich ein E-Bike mieten?

A bheil sin fad air falbh?
a wäil schinn fat äth fallaw
FP ist jenes lange auf Weggehen
Ist das weit weg?

mögliche Antworten

Chan eil.	**Tha.**
chan jäil	*ha*
nicht° ist	*ist*
Nein.	Ja.

Chan eil ach còig mionaidean air a' bhus.
chan jäil ach kooik minadschen äth a wass
nicht° ist aber fünf Minuten auf dem-3° Bus-3
Das sind nur fünf Minuten mit dem Bus.

Toilette

Die Toiletten in Großbritannien funktionieren etwas anders als bei uns. Wenn Sie abziehen möchten, sollten Sie den entsprechenden Hebel sehr kräftig herunterdrücken, sonst kommt nämlich nichts. Im Allgemeinen sind öffentliche Toiletten sauberer als bei uns. Selbst in den entlegensten Regionen findet sich mit Sicherheit neben einer Sehenswürdigkeit auch eine vernünftige Toilette, meistens sogar behindertengerecht.

Auf den Inseln können Toiletten in Kneipen auch gälisch beschriftet sein. Auf den Türen steht **M** und **F.** Das heißt mitnichten „male" und „female", sondern **Mnathan** *mrahan* (Frauen) und **Fir** *fith* (Männer). Also schön aufpassen, auch nach dem fünften Pint!

Càite a bheil an taigh-beag?
kaatsch a wäil an tai-bäk
wo (-) ist das Haus-klein
Wo ist die Toilette?

Chan eil pàipear-tòin ann.
chan jäil paaichper-ton aun
nicht° ist Papier-Hintern da
Es gibt kein Toilettenpapier.

In Glasgow gibt es sogar ein **politisches Pissoir.** Im Pub „The Lismore" im Westen der Stadt kann man auf Fotos derjenigen pinkeln, die für die Landvertreibung der Gälen verantwortlich waren.

mit dem Taxi

Tha mi ag iarraidh tacsaidh.
ha mi ak iarri tachksi
ist ich bei Wollen Taxi
Ich möchte ein Taxi.

A bheil tacsaidh ann?
a wäil tachksi aun
FP ist Taxi da
Gibt es ein Taxi?

Bu toil leam a dhol gu / do ...
bu toll läm a ghol a / do ...
wäre Wunsch mit-ich zu° Gehen nach / zu° ...
Ich möchte nach / zu / zum / zur ...

Stadaibh aig an oisean.
statiw äg an oschen
haltet an der-3° Ecke-3
Halten Sie an der Ecke!

Cumaibh an iomlaid.
kumiw an iumlatsch
behaltet den Wechsel
Der Rest ist für Sie.

mit dem Bus

Busse sind das öffentliche Verkehrsmittel im Hochland und auf den Inseln. Die Firma **Citylink** verbindet regelmäßig alle Hauptorte in Schottland und auch die Fährhäfen miteinander. Lokale Busfirmen übernehmen den Transport aufs Land. Im Bus auf den Inseln können Sie gut Ihr Gälisch ausprobieren. Und wenn der Bus lange unterwegs ist, kann es auch vorkommen, dass die Fahrgäste ein gälisches Lied anstimmen.

Càite a bheil stèisean nam busaichean?
kaatsch a wäil steeschen nam bassichen
wo (-) ist Station der-2 Busse-2
Wo ist der Bus(bahn)hof?

Càite am faigh mi ticead?
kaatsch am fai mi tichket
wo (-) bekommen-werden ich Ticket
Wo bekomme ich eine Fahrkarte?

Cuine a bhios am bus a' falbh?
kuin a wias am bass a fallaw
wann (-) sein-werden der Bus bei Weggehen
Wann fährt der Bus?

Dè tha ticead a' cosg bho Ghlaschu a Phort Rìgh agus air ais?
dschee ha tichket a kosk wo Ghlassechu a Forscht Rii ages äth *asch*
was ist Fahrschein bei Kosten von° Glasgow nach Portree (-) und zurück (-)
Wie viel kostet ein Fahrschein von Glasgow nach Portree und zurück?

Cuine a bhios am bus a' ruigsinn Ghlaschu?
kuin a wias am bass a rukschinn Ghlassechu
wann (-) sein-werden der Bus bei Erreichen Glasgow
Wann ist der Bus in Glasgow?

An e sin am bus don Ghearasdan?
an ä schinn am bass don Jerrasdan
FP-ist es jenes der Bus zu-der-3° Garnison-3
Ist das der Bus nach Fort William?

Càite an tèid mi far a' bhus airson an taigh-tasgaidh?
kaatsch an tscheedsch mi far a wass ärsson an tai-taski
wo (-) gehen-werden ich von dem-3° Bus-3 zum-Wohle des-2° Haus-Bewahren-2
Wo muss ich aussteigen, um zum Museum zu kommen?

mit dem Zug

Zugfahren in Schottland ist schön, aber teuer. Das Eisenbahnsystem wurde in der Vergangenheit stark vernachlässigt. Nur einige Hauptstrecken bestehen noch. Diese sind im Hochland alle eingleisig und mit Diesel betrieben. Als Tourist können Sie die wunderschöne Landschaft genießen, egal wann Sie ankommen. Pendler im Lande selbst sehen das häufig ganz anders, wenn es mal wieder nicht weitergeht. Aber das kennen wir ja auch.

trèana (m)	*trääna*	Zug
rathad-iarainn (m)	*ra'at-iarenn*	Bahnstrecke
màlaid [Mz: -ean] (w)	*maalidsch [-en]*	Koffer
ticead (m)	*tichket*	Fahrschein

Tha mi a' gabhail an trèana a Chaol Loch Aillse.
ha mi a ga'al an trään a Chüol Loch Ailsche
ist ich bei Nehmen des-2 Zuges-2 nach Kyle-of Lochalsh (-)
Ich nehme den Zug nach Kyle of Lochalsh.

Am bi trèana ann Di-Dòmhnaich?
am bi trään aun Dschi-Doonich
FP sein-werden Zug da Tag-(des-)Herrn
Gibt es sonntags einen Zug?

An dèan an trèana stad ann an Dùn Eideann?
an dscheean an treen stat aun an Dunn Eedschan
FP machen-werden der Zug Halt in (-) Edinburgh (-)
Wird der Zug in Edinburgh halten?

Darauf kann geantwortet werden mit:			
Nì.	*nii*	*machen-werden*	Ja.
Cha dèan.	*cha dscheean*	*nicht° machen-werden*	Nein.

mit dem Fahrrad

Schottland mit dem **rothair** *roheth* (Fahrrad) zu erkunden, erfordert Ausdauer. Das Hochland heißt nicht umsonst so. Es geht ständig bergauf und bergab, und wenn nicht, hat man garantiert Gegenwind. Allerdings ist es eine wunderbare Art, das Land hautnah zu erleben, und die Schotten sind rücksichtsvolle Autofahrer. In einsamen Gegenden und auf Inseln ist es wunderbar, eine Landschaft ohne Verkehrsgeräusche und unter dem ständigen leisen Summen der Mückenschwärme auf dem Fahrrad zu erfahren.

rothair	*roheth*	Fahrrad
rothair-dealain	*roheth-dschälain*	E-Bike
sgùtair	*skuuter*	Scooter
steàirrdsear	*tschardscher*	Ladegerät
sbataraidh	*battari*	Batterie/ Akku

Tha mi a' tadhal air an Eilean Sgitheanach ...
ha mi a ta'al äth an Ällan Ski'anach ...
ist ich bei Bereisen auf der-3° Insel-3 Skye-3 ...
Ich bereise Skye ...

... air an rothair.
äth an roheth
auf dem-3° Fahrrad-3
... mit dem Fahrrad.

... air an rothair-dealain.
äth an roheth - dschälain
auf dem-3° Fahrrad-3-Strom
... mit dem E-Bike.

Gabhaibh mo leisgeul, tha an rothair agam briste.
gawiw mo leschkeal, ha an roheth akam brischtsche
nehmt meine° Entschuldigung ist das Fahrrad bei-ich gebrochen
Entschuldigen Sie, mein Fahrrad ist kaputt.

An urrainn dhuibh mo chuideachadh?
an urrinn ghuiw mo chudschachagh
ist Fähigkeit zu-ihr mein° Helfen
Können Sie mir helfen?

Feumaidh mi dealain airson a' bhataraidh.
Femi mi dschälain ärsson a watteri.
benötigen ich Strom für die Batterie
Ich brauche Strom für den Akku.

mit dem Flugzeug

Mit dem Flugzeug kommen Sie schnell und bequem von Insel zu Insel bzw. von den Inseln nach Inverness und Glasgow. Der wohl interessanteste Flugplatz befindet sich auf der Insel Barra. Dort ist der größte Strand in eine Landebahn umfunktioniert worden. Start und Landung richten sich nach den Gezeiten. Währenddessen können Sie im Café des Flugplatzes Gälisch reden.

itealan (m)	*ichtschalan*	Flugzeug
plèana (m)	*pleena*	Flugzeug
port-adhair (m) *Hafen-Luft*	*porscht-aheth*	Flughafen

Feumaidh mi a bhith aig a' phort-adhair aig seachd uairean.
feemi mi a wi äk a forscht-aheth äk scheachk uathen
muss ich zu sein bei dem-3° Hafen-Luft-3 bei sieben Stunden
Ich muss um sieben Uhr auf dem Flugplatz sein.

Bidh am plèana agam a' falbh aig ochd 'sa mhadainn.
bii am pleena akam a fallaw äk ochk ssa wattin
sein-werden das Flugzeug bei-ich bei Weggehen auf acht in-dem-3° Morgen-3
Mein Flugzeug geht um 8 Uhr morgens.

mit der Fähre

A bheil bàta-aiseig ann an-diugh?
a wäil baat-aschäk aun an-dschiu
FP ist Boot-Fähre in heute
Gibt es heute eine Fähre?

mögliche Antworten

Tha, aig trì uairean.
Ha, äk trii uathen
ist bei drei Stunden
Ja, um drei Uhr.

Chan eil, tha am bàta briste.
Chan jäil, ha am baata brischtsche
nicht° ist ist das Boot kaputt
Nein, das Schiff ist kaputt.

Dè cho tric 's a tha bàta-aiseig a' dol eadar Uibhist a Tuath agus na Hearadh?
dschee cho trichk ssa ha baat-aschäk a doll ätter Uischt a Tua ages na Härragh
was so lange ist welches ist Boot-Fähre bei Gehen zwischen Uist im Norden und die Harris
Wie oft gibt es eine Fähre zwischen North-Uist und Harris?

mit dem Auto

Ciamar a ruigeas mi am mòr-rathad a Ghlaschu?
kimmer a rukas mi am moor-ra'at a Ghlassechu
wie (-) erreichen-werden ich zu-der-3° groß-Straße-3 nach Glasgow
Wie komme ich zur Autobahn nach Glasgow?

A bheil e fad às?
a wäil e fat ass
FP ist es lang aus
Ist es weit?

Leanaibh an rathad seo!
lenniw an ra'at scho
folgt der Straße diese
Folgen Sie dieser Straße!

Chì sibh cuairtean.
chii schiiw kuarschtschen
sehen-werden ihr Verteilerkreis
Sie werden einen Kreisverkehr sehen.

Tionndaibh don làimh chlì / dheis!
tschiuntiw don laaiw chlii / jesch
dreht zu-der-3° Hand-3 links-3 / rechts-3
Biegen Sie links / rechts ab!

Cumaibh dìreach air an rathad seo.
kuumiw dschiithach äth an ra'at scho
bleibt gerade auf der-3° Straße-3 diese
Ihr müsst / Sie müssen geradeaus fahren.

Càite a bheil sin air a' chlàr dùthcha?
kaatsch a wäil schinn äth a chlaar duucha
wo (-) ist jenes auf der-3° Aufzeichnung-3 Landes-2
Wo ist das auf der Karte?

Stadaibh is faighnichibh de chuideigin eile!
stadiw is fainichiw dsche chudschegin äle
haltet und erfragt von° jemandem anderen
Haltet an und fragt jemand anderes!

càr (m)	*kaar*	Auto
sanas-rathaid (m) *Schild Straße-2*	*ssanass ra'itsch*	Verkehrsschild
solas-sràide (m) *Lampe Straße-2*	*ssollas straatsche*	Straßenlaterne
làrach cuirm-chnuic (w) *Bereich Picknick*	*laarach kurrem-chnuichk*	Rastplatz
làrach pàircidh (w) *Bereich Parkens-2*	*laarach paareki*	Parkplatz
slighe (w)	*schli'e*	Weg
sràid (w)	*straatsch*	Straße
rathad (m)	*ra'at*	Landstraße
rathad singilte (m)	*ra'at schingiltsche*	einspurige Straße
rathad dùbailte (m)	*ra'at duubiltsche*	zweispurige Straße
mòr-rathad(m)	*moor-ra'at*	Schnellstraße, Autobahn

lùb (m)	*luup*	Kurve
stad [a' stad]	*stat [a stat]*	anhalten, stehen bleiben
tionndaidh [a' tionndadh]	*tschiunti [a tschiuntagh]*	umdrehen
falbh seachad air *weggehen vorbei auf*	*fallaw scheachat äth*	überholen, vorbeigehen
draibh [a' draibheadh]	*draiw [a draiwagh]*	Auto fahren

Càite am faigh mi peatrol Di-Dòmhnaich?
kaatsch am fai mi pätrol Dschi-Doonich
wo (-) bekommen-werden ich Benzin Tag-(des-)Herrn
Wo bekomme ich sonntags Benzin?

A bheil an stèisean-peatrol seo fosgailte?
a wäil an steeschen-pätrol scho foskiltsche
FP ist die Station-Benzins-2° diese geöffnet
Ist diese Tankstelle geöffnet?

Feumaidh mi Diesel / dealan airson a' chàir.
feemi mi Diisel / dschälan ärsson a chaath
benötigen ich Diesel / Strom zum Wohle des Autos
Ich brauche Diesel / Strom für das Auto.

Auto mieten

A bheil càr / càr-dealain air mhàl agaibh?
a wäil kaar / kaar-dschälain äth waal akiw
FP ist Auto / Elektroauto nach° seinem Mieten bei-ihr
Haben Sie einen Mietwagen / elektrischen Mietwagen?

A bheil a' phrìs a' toirt a-steach VAT agus àrachas?
a wäil a friisch a toorscht e-schtscheach FAT ages aarachas
FP ist die° Preis bei Nehmen hinein Mwst. und Versicherung
Ist in dem Preis Mehrwertsteuer und Versicherung enthalten?

A bheil càr nas motha / nas lugha agaibh?
a wäil kaar nass mo'a / nass lugha akiw
FP ist Auto mehr größer / mehr kleiner bei-ihr
Haben Sie einen größeren / kleineren Wagen?

Unfall und Panne

Tha an càr agam briste.
ha an kaar akam brischtsche
ist das Auto bei-ich gebrochen
Ich habe eine Panne.

Feumaidh e càradh.
feemi ä kaaragh
bedürfen-werden er Reparieren
Es muss repariert werden.

Chan eil fhios agam dè tha ceàrr air.
chan jäil iss akam dschee ha keaar äth
nicht° ist Wissen bei-ich was ist falsch auf-er
Ich weiß nicht, was kaputt ist.

Alles rund ums Auto (Zubehör, Werkzeug) wird auf Englisch ausgedrückt.

An urrainn dhuibh mo thoirt don gharaid as fhaisge oirnn?
an urrinn ghuiw mo hoorscht don gharitsch ass aschge othin
FP-ist Fähigkeit zu-ihr mein° Nehmen zu-der-3° Garage-3 meist näher auf-wir
Können Sie mich bis zur nächsten Werkstatt abschleppen?

An urrainn dhuibh mo chuideachadh?
an urrinn ghuiw mo chudschachagh
FP-ist Fähigkeit zu-ihr mein° Helfen
Können Sie mir helfen?

AA	*äi äi*	britischer Automobilclub
garaid (w)	*garitsch*	Autowerkstatt
cead-draibhidh (m)	*kätt draiwi*	Führerschein
tubaist (w)	*tupischt*	Verkehrsunfall

Bha tubaist orm.
wa tupischt orrem
war Unfall auf-ich
Ich hatte einen Unfall.

Tha cuideigin air a ghoirteachadh.
ha kudschegin äth a ghorschtachagh
ist jemand nach seinem Verletzen
Es ist jemand verletzt worden.

Feumaidh sinn carbad-eiridinn.
feemi schiin karabad-ethidschin
bedürfen-werden wir Krankenwagen
Rufen Sie bitte einen Krankenwagen.

Trampen

Trampen geht gerade auf den Inseln sehr gut, da alle wissen, dass Busse nicht so häufig fahren. Einfach den Daumen raushalten und fragen:

Am faigh mi lioft gu Armadal?
am fai mi lift gu Armadal
FP bekommen-werden ich Mitfahrgelegenheit nach Armadale
Können Sie mich nach Armadale mitnehmen?

Wenn Sie über ein Auto verfügen und über eine einsame Insel sausen, und Sie sehen eine einsame Person an der Straße durch den Regen laufen, ist es nur höflich, wenn man stoppt und fragt:

A bheil sibh ag iarraidh lioft?
a wäil schiiw ak iarri lift
FP ist ihr bei Wollen Mitfahrgelegenheit
Kann ich Sie mitnehmen?

Über Stock und Stein

Fast alle Landschaftsnamen, also Berge, Flüsse, Fluren haben gälische Namen, für die es auch oft keine englische Entsprechung gibt. Wer keine Ahnung vom Gälischen hat, wird sie mit Sicherheit oft falsch aussprechen. Im Zweifelsfalle sprechen Sie sie einfach mit deutschem Akzent aus. Sie liegen damit auf jeden Fall besser, als mit irgendeinem pseudoenglischen Versuch. Ein Beispiel: **Baile a' Chaolais** wird im Englischen als „Ballachulish" wiedergegeben. Es wird aber nicht „Bälakjulisch", sondern „Ballachulisch" ausgesprochen – es muss ja auch mal Vorteile haben, Deutsch als Muttersprache zu sprechen!

allt (m)	*aullt*	Bach
craobh (w)	*krüow*	Baum
beinn (w)	*bäin*	Berg
flùr (m)	*fluur*	Blume
talamh (m)	*talaw*	Erde
creag (w)	*kräk*	Felsen
abhainn (w)	*au'inn*	Fluss
cnoc (m)	*krochk*	Hügel
feur (m)	*fiar*	Gras
làrach (w)	*laarach*	Grundstück
eilean [eileanan] (m)	*ällan [ällanen]*	Insel [Inseln]
cladach (m)	*klatach*	Küste
dùthaich (w)	*duu'ich*	Land
muir (w)	*mu*th	Meer
lus (m)	*luss*	Pflanze
gainmheach (w)	*gänawach*	Sand
loch (m)	*loch*	See, Fjord
baile (m)	*balle*	Stadt, Ort
clach (w)	*klach*	Stein
preas (m)	*präss*	Strauch
gleann (m), srath (m)	*gleaun, straa*	Tal
coille (w)	*koilje*	Wald
cluan (w)	*kluan*	Wiese

Dè an t-ainm a tha air a' bheinn seo?
dschee an tänem a ha äth *a wäin scho*
was der Name welcher ist auf dem-3° Berg-3 dieser
Wie heißt dieser Berg?

Càite a bheil sin air a' chlàr-dùthcha?
kaatsch a wäil schinn äth *a chlaar-duucha*
wo (-) ist jenes auf der-3° Karte-Land-3
Wo ist das auf der Landkarte?

Tha mi air chall.
ha mi äth *chaull*
ist ich nach° Verloren
Ich habe mich verlaufen.

Tha mi a' lorg bothan airson na h-oidhche.
ha mi a lorrek bohan ärsson na hoiche
ist ich bei Suchen Berghütte zum-Wohle der-2 Nacht-2
Ich suche eine Berghütte für heute Nacht.

Tiere		
iolaire (w)	*iolä*th*e*	Adler
cat [Mz: cait] (m)	*kacht [katsch]*	Katze
tunnag [Mz: -an] (w)	*tunnak [tunnakan]*	Ente
asal (m)	*aasal*	Esel
cailleach-oidhche (w)	*kailjach-oiche*	Eule
cearc [Mz: -an] (w)	*kärrak [kerkan]*	Huhn
cù [Mz: coin] (m)	*kuu [koinn]*	Hund
bò [Mz: bà] (w)	*boo [baa]*	Kuh
uan [Mz: uain] (m)	*uan [uain]*	Lamm
faoileag (w)	*föuileak*	Möwe
meanbh-chuileag (w) [Mz: -an]	*männaw chullak [mennaw-chullakan]*	(Stech-)Mücke
each [Mz: eich] (m)	*each [äich]*	Pferd
fitheach (m)	*fi'ach*	Rabe
fiadh [Mz: feidh] (m)	*fiagh [feei]*	Reh

muc [Mz: -an] (w)	*muchk [muchkan]*	Schwein
caora [Mz: -ich] (w)	*küora [küorich]*	Schaf
beathach (m)	*beo'ach*	Tier
cearc fhrangach (w) *Huhn° französisch*	*kärrak rankach*	Truthahn
Fische		
iasg [Mz: èisg] (m)	*iask [eeschk]*	Fisch [Fische]
rionnach (m)	*runnach*	Makrele
sgadan (m)	*skattan*	Hering
bradan (m)	*brattan*	Lachs
breac [Mz: bric] (m)	*breachk [brichk]*	Forelle
giomach (m)	*gimmach*	Hummer

Dè 'n seòrsa beathach a tha seo?
dscheen schoorsa beo'ach a ha scho
was die Sorte Tier welches ist dies
Was ist das für ein Tier?

'S e dòbhran a th' ann.
schä doo'ran a h'aun
ist es Otter welcher ist in
Das ist ein Otter.

Seall, tha mi a' faicinn feidh.
schaull, ha mi a fächkinn feei
schau ist ich bei Sehen Rehe
Schau, ich sehe Rehe.

Ò tha iad cho snog.
o ha iat cho snok
oh ist sie so schön
Oh, sind die schön.

A bheil èisg anns an loch seo?
a wäil eeschk auns an loch scho
FP ist Fische in dem-3° See-3 dieser
Gibt es in dem See Fische?

Tha, tha bric ann.
ha, ha brichk aun
ist ist Forellen in
Ja, da sind Forellen drin.

An toil leat iasgach?
an toll lät iaskach
ist Wunsch mit-dir Fischen
Möchtest du fischen?

Is toil, ach a bheil cead againn?
s toll, ach a wäil kätt akinn
ist Wunsch aber (-) ist Erlaubnis bei-uns
Ja, aber haben wir eine Erlaubnis?

Chan eil, ach gheibh sinn fear anns a' bhùth seo.
chan jäil, ach jiw schiin fär auns a wuu scho
nicht° ist aber werden-bekommen wir ihn in dem-3° Geschäft-3 dieses
Nein, aber wir bekommen sie in diesem Geschäft.

Tha a' mheanbh-chuileag uabhasach an-diugh.
ha a wännaw-chullak uawassach an-dschiu
ist die Mücke schrecklich heute
Die Mücken sind schrecklich heute.

Die Mücke steht hier in der Einzahl, gemeint sind aber Myriaden davon. Die Hauptreisesaison ist auch die Hoch-Zeit dieser possierlichen Tierchen. Und Sie können machen, was Sie wollen. Sie sind überall. Versuchen Sie gar nicht erst, z. B. in der Dämmerung an einem Seeufer romantisch zu flanieren. Sie werden bei lebendigem Leib gefressen.

Suchen Sie sich zum Zelten auf jeden Fall etwas windigere und trockene Stellen. Und glauben Sie nicht, die fänden nicht die einzige kleine Lücke im Zeltreißverschluss. Auf den äußeren Hebriden ist die Situation etwas besser, weil es da windig ist. Aber da warten schon die Bremsen auf Sie.

Sie möchten durch eine Wiese laufen – morgens, taufrisch, so wie in der Whisky-Werbung?! Lassen Sie es. Da sind es die Zecken, die sich auf Sie freuen. Die Sandflöhe beim Sonnenuntergang an diesem romantischen Strand waren jetzt dagegen gar nicht so schlimm ...

crealag (w)	*krälag*	Bremse
gartan (m)	*gartan*	Zecke
biast-tràghad (w)	*biast-trahad*	Strandfloh
leumnach (m)	*lemnach*	Sandfloh

Geographische Begriffe

clachan (m)	*klachen*	Ort mit Kirche
baile (m)	*balle*	Ort, Dorf
baile mòr (m)	*balle moor*	Stadt

Folgende Begriffe sind häufig Bestandteile schottischer Ortsnamen:

cill (w)	*kil*	Kirche
dùn (m)	*duun*	Festung
inbhir (m)	*inji*th	Mündung
drochaid (w)	*drochitsch*	Brücke
-aigh	*-ai*	Eiland
caol (m)	*küol*	Meerenge, Sund
bàigh (w)	*bai*	Bucht
Weitere Orte und Regionen		
A' Ghàidhealtachd	*A Jäheltachk*	Highlands
A' Ghalldachd	*A Gaulldachk*	Lowlands
Na Crìochan	*Na Kriiochan*	Grenzgebiet (zu England)
Obar Dheathain	*Opar Ä'an*	Aberdeen
A' Chomraich	*A Chommerich*	Applecross

Armadal	*Armadal*	Armadale
An Aghaidh Mhòr	*An A'i Woor*	Aviemore
Inbhir Àir	*Injir Aar*	Ayr
Baile a' Chaolais	*Ballachüolisch*	Ballachulish
A' Mhanachainn	*A Wanachin*	Beauly
An t-Ath Leathann	*An Ta Lähan*	Broadford
Drochaid Chàrr	*Drochitsch Chaar*	Carrbridge
Bàgh a' Chaisteil	*Ba a Chascht-schel*	Castlebay
Cùil Lodair	*Kuul Lotte*[th]	Culloden
Druim na Drochaid	*Druim na Dro-chitsch*	Drumnadrochit
Dùn Dèagh	*Duun Dschee*	Dundee
Dùn Èideann	*Duun Eedschan*	Edinburgh
An Gearasdan	*An Gerrastan*	Fort William
Glaschu	*Glassechu*	Glasgow
Inbhir Nis	*Injir Nisch*	Inverness
Caol Loch Aillse	*Küol Lochail-sche*	Kyle of Lochalsh
Caol Acain	*Küol Achkin*	Kyleakin
Loch Baghasdal	*Lochba'asdal*	Lochboisdaile
Loch nam Madadh	*Loch Na Ma-dagh*	Lochmaddy
Malaig	*Mallaik*	Mallaig
Baile Ùr an t-Slèibh	*Bal Ur An Tschleew*	Newtonmore
An t-Òban	*An Toopan*	Oban
Pàislig	*Paaschlik*	Paisley
Peairt	*Pearscht*	Perth
Port Rìgh	*Porscht Rii*	Portree

Preastbhaig	*Prestwik*	Prestwick
Steòrnabhagh	*Schtjornawagh*	Stornoway
An Tairbeart	*An Tarberscht*	Tarbert

Schottland ist seit einer Gebietsreform in den 1970er Jahren in Regionen eingeteilt, die alten Namen der Grafschaften sind damit teilweise identisch und werden noch häufig genutzt.

Inseln		
Sealltain	*Schalltin*	Shetland
Arcaibh	*Arrekiff*	Orkney
Leòdhas	*Ljoo'ass*	Lewis
Na Hearadh	*Na Härragh*	Harris
Uibhist a Tuath	*Uischt a Tua*	North Uist
Beinn na Faoghla	*Bäin a Fula*	Benbecula
Uibhist a Deas	*Uischt a Dschess*	South Uist
Barraigh	*Barrai*	Barra
An t-Eilean Sgitheanach	*An Tschällan Ski'anach*	Skye
Muile	*Mulle*	Mull
Colla	*Kolla*	Coll
Tiriodh	*Tschirii*	Tiree
Rùm	*Ruum*	Rhum
Ì Chaluim Chille	*I Chalum Chilje*	Iona
Ìle	*Iile*	Islay
Diùra	*Dschuura*	Jura

Übernachten

Schottland bietet eine große Zahl an unterschiedlichen Übernachtungsmöglichkeiten aller Kategorien an. Das beginnt beim Luxushotel in einem Schloss und endet beim Zelten beim Bauern unterwegs. Die beliebteste Form der Unterkunft ist nach wie vor das „Bed and Breakfast". Das sind Privatunterkünfte und entsprechen dem deutschen „Zimmer frei". In den Vorgärten der Anbieter hängt oft ein Schild, das Auskunft über den Standard des Hauses gibt. Hier hat man am ehesten die Gelegenheit, Kontakt mit den Einheimischen zu bekommen, und kann auch sein Gälisch ausprobieren. Oft wird man ungläubiges Staunen ernten, wenn man die Gastgeber in ihrer eigenen Muttersprache anspricht. Nicht immer wird man auch eine gälische Antwort bekommen. Dies ist keine böse Absicht. Viele Leute sind es einfach nicht gewöhnt, dass ein Ausländer sie auf Gälisch anspricht.

Die örtliche Tourismusinformation ist gegen eine geringe Gebühr gerne bereit, ein Zimmer nach Ihren Vorstellungen zu suchen und für Sie zu buchen. Sie können das auch im Internet selbst tun und sogar nach Zimmern suchen, deren Anbieter Gälisch sprechen.

Càite am faigh mi leabaidh is bracaist an seo?
kaatsch am fai mi läpi is brachkischt an-scho
wo (-) bekommen-werden ich Bett und Frühstück hier
Wo bekomme ich hier ein Zimmer mit Frühstück?

A bheil Gàidhlig aca an sin?
a wäil Gaalik achka an-schinn
FP ist Gälisch bei-sie dort
Sprechen sie dort Gälisch?

Tha mi a' lorg seòmar singilte / dùbailte airson oidhche.
ha mi a lorrek schoomer schingiltsche / duubeltsche ärsson oiche
ist ich bei Suchen Zimmer einzeln / doppelt für Nacht
Ich suche ein Einzelzimmer / Doppelzimmer für eine Nacht.

Dè tha an seòmar a' cosg airson oidhche / dà oidhche?
dschee ha an schoomer a kosk ärsson oiche / daa oiche
was ist das Zimmer bei Kosten für Nacht / zwei° Nacht
Wie viel kostet das Zimmer für eine Nacht / zwei Nächte?

Fast überall haben Sie die Möglichkeit, Kaffee oder Tee auf dem Zimmer zuzubereiten. Oft können Sie auch ein Wohnzimmer als Aufenthaltsraum im Hause nutzen. Werden Zimmer „en suite" angeboten, bedeutet dies, dass sie über ein eigenes Bad verfügen.

Bu toil leam bracaist aig ochd uairean a-màireach.
bu toll läm brachkischt äk ochk uathen a-maathach
wäre Wunsch mit-ich Frühstück bei acht Stunden morgen
Ich hätte gerne Frühstück um acht Uhr (morgens).

Chan ith mi feòil.
chan ich mi feool
nicht° essen-werde ich Fleisch
Ich esse kein Fleisch.

Die Situation für Vegetarier ist oft besser als bei uns. Man wird ihnen ohne Probleme etwas Fleischloses anbieten.

A bheil rud-eigin gun fheòil agaibh?
A wail rut-egin gun jeool akiw
FP ist etwas ohne Fleisch bei-Euch?
Haben Sie etwas ohne Fleisch?

Gabhaidh mi brochan / rola / tòst le càise agus tomato.
ga'i mi brochan / rolla / toost lä kaasche ages tomato
nehmen-werden ich Haferbrei / Brötchen / Toast mit Käse und Tomate
Ich werde Haferbrei / Brötchen / Toast mit Käse und Tomate nehmen.

A bheil cluasag / plaide a bharrachd agaibh?
a wäil kluassak / pladsche a warrachk akiw
FP ist Kopfkissen / Decke (-) zusätzlich bei-ihr
Haben Sie ein weiteres Kopfkissen / eine weitere Decke?

Chan eil am fràs a' dèanamh.
chan jäil am fraas a dscheeanaw
nicht° ist die Dusche bei Machen
Die Dusche funktioniert nicht.

Tha an solas briste.
ha an ssollass brischtsche
ist das Licht gebrochen
Das Licht ist kaputt.

Bevor Sie das jedoch sagen, schauen Sie lieber nach, ob der Strom eingeschaltet ist. Meistens muss man den Strom für Heißwasser mit einem roten Schalter draußen an der Badezimmertür oder durch Ziehen einer Strippe im Bad selbst einschalten.

Fragen Sie Ihre Zimmerwirtin oder Gastfamilie ruhig nach den Sehenswürdigkeiten der Gegend:

A bheil rud-eigin inntinneach ri fhaicinn an-seo?
a wäil rut-egin iintschinach ri ächkin an-scho
FP ist Ding-irgendein interessant zu° sehen hier
Gibt es hier etwas Interessantes zu sehen?

Tha caisteal / tursachan againn an-seo.
ha kaschtschel / tursachan akin an-scho
ist Burg / Hinkelsteine bei-wir hier
Wir haben eine Burg / Hinkelsteine hier.

Wenn Sie lieber etwas einfacher nächtigen wollen, fragen Sie:

Am faod mi campadh an-seo?
am füot mi kampagh an-scho
FP dürfen ich Campen hier
Darf ich hier campen?

Càite am faigh mi ostail-òigridh / taigh-òsta?
kaatsch am fai mi ostal-ooigri / tai-oosta
wo (-) bekommen-werden ich Unterkunft-Jugend / Haus-Gast
Wo finde ich eine Jugendherberge / ein Hotel?

Teanta (w)	*tänta*	Zelt
Carabhan (m)	*caravan*	Wohnwagen
Taigh-motair (m) *Haus-Motor*	*tai-mota*th	Wohnmobil
àite-campachaidh (m) *Platz Camping*	*äaatsche-kampachi*	Campingplatz

Einkaufen

Das Einkaufen geschieht auch auf den Hebriden und im Hochland immer öfter in Supermärkten. Dort wird sich weniger unterhalten als in den kleinen „Tante-Mòrag-Läden" auf dem Dorf. Gerade in diese kleinen Läden sollten Sie daher gehen, um Ihre ersten Brocken Gälisch anzuwenden. Sie werden damit echte Überraschung hervorrufen. Möglicherweise wird Ihnen aber auch auf Englisch geantwortet. Gerade beim Bezahlen kann es für den ungeübten Gälischsprecher schnell kompliziert werden, selbst viele Gälen benutzen die englischen Zahlwörter.

bùth (w)	*buu*	Geschäft
fosgailte	*foskiltsche*	geöffnet
dùinte	*duuntsche*	geschlossen
tarraing!	*tarrink*	Ziehe!
put!	*pucht*	Drücke!
sporan (m)	*sporran*	Geldbörse
baga (m)	*baka*	Tasche
baga plastaig (m) *Tasche Plastik*	*baka plastik*	Plastiktüte
bocsa (m)	*bochksa*	Kiste

Cuin a dh' fhosglas a' bhùth?
kuin a ghosklas a wuu
wann (-) öffnen-werden das° Geschäft
Wann wird der Laden geöffnet sein?

Fosglaidh a' bhùth aig trì uairean.
*foskli a wuu äk trii ua*th*en*
öffnen-werden das° Geschäft bei drei Stunden
Das Geschäft öffnet um drei Uhr.

Dè tha sibh ag iarraidh?
dschee ha schiiw ak iarri
was ist ihr bei Wollen
Was wollen Sie? / Was hätten Sie gern?

Bu toil leam rud-eigin an aghaidh nam meanbh-chuileagan.
bu toll läm rut-egin an a'i nam männaw-chullakan
wäre Wunsch mit-ich Ding-irgendein angesichts der-2 Mücken-2
Ich hätte gerne irgendetwas gegen die Mücken.

In die folgenden Sätze können Sie einsetzen, was Sie suchen bzw. kaufen möchten.

Tha mi a' lorg ...
ha mi a lorrek ...
ist ich bei Suchen ...
Ich suche ...

A bheil ... agaibh?
a wäil ... akiw
FP ist ... bei-ihr
Haben Sie ... ?

Chunnaic mi ... anns an uinneig.
chunnik mi ... auns an unjak
sah ich ... in dem-3° Fenster-3
Ich habe ... im Schaufenster gesehen.

Chan e am fear sin, am fear ri thaobh!
chan e am fär schinn, am fär ri hüow
nicht°-ist es jenes Ding(m) jenes das Ding(m) zu° (seiner-)Seite
Nicht das, das daneben!

An leithid seo?
an le'idsch scho
ein Solches dies
So etwas?

Tha mi eadar dà bheachd.
ha mi ätter daa weachk
bin ich zwischen zwei° Meinungen
Ich kann mich nicht entscheiden.

Ein schönes Mitbringsel sind handgearbeitete Schachfiguren aus Stein von der Insel Lewis, die nach Originalfundstücken aus der Wikingerzeit gearbeitet wurden. Die Tourismusinformation in Stornoway verrät, wo Sie diese bekommen. Handgestrickte Pullover können Sie häufig auch privat erwerben. Achten Sie einfach auf Schilder am Straßenrand, die auf Handarbeiten aufmerksam machen.

pàipear-naidheachd (Gearmailteach) (m) *Papier-Nachricht*	*paaichper-nai'achk (Gerremaltschach)*	Zeitung *(deutsch)*
peann (m)	*peaun*	Stift
leabhar (m)	*ljo'or*	Buch
briogais (w)	*brikisch*	Hose
brògan (w)	*brookan*	Schuhe
geansaidh (m)	*genssi*	Pullover
sìobann (m)	*schiopan*	Seife
coinneal (m)	*konnjal*	Kerze
botal uisge-bheatha (m)	*bochtal üschke-wäha*	Flasche Whisky

Natürlich ist Whisky ein schönes Souvenir, er ist aber in Deutschland billiger. Außerdem gibt es seit dem Brexit Mengenbegrenzungen, sonst wird Zoll fällig.

Der Kilt wird auch in Deutschland immer beliebter. Sei es, dass eine Dudelsackband darin auftritt, oder dass sich Teilnehmer eines **blasad uisge-bheatha** *blasat üschke-wäha*, einer Whisky-Verkostung, so kleiden. In Schottland drückt er bis heute die Zugehörigkeit zu einem Clan aus und wird als Abendgarderobe zu Festlichkeiten getragen. Die verschiedenen Karo-Muster sind heute den jeweiligen Clans zugeordnet. Wenn Sie einen Kilt in Deutschland tragen möchten, sind sie daran allerdings nicht gebunden. In Schottland wird man Sie jedoch direkt nach Ihrem Bezug zu dem jeweiligen Clan fragen und möglicherweise mit Unverständnis reagieren, wenn es das falsche Muster ist.

Der Witz darüber, was Männer unter dem Kilt tragen, mag beliebt sein, bei den Kiltträgern selbst macht man sich damit jedoch nicht gerade beliebt. Er gilt als Herabwürdigung dieses Teils der Hochlandkultur, die lange unterdrückt wurde. Und erwarten Sie nicht, dass alle Schotten im Kilt durch das Hochland streifen. Auch hier hat sich die praktische Funktionskleidung durchgesetzt.

Ein wirklich authentisches Mitbringsel von den Hebriden ist der Tweed von der Insel Harris. Nur dort gewebter Stoff darf sich **Harris Tweed** nennen. Sie erkennen ihn an einem Logo in Form einer stilisierten Weltkugel. Wenn Sie ein Tweed-Jackett, einen Schal oder eine Mütze haben wollen, gibt es überall eine große Auswahl. Stoff in Bahnen bekommen sie am besten bei der Weberei selbst. Achten Sie auf Schilder an der Straße.

seacaid (w)	*scheachkidsch*	Jackett
sgarfa (m)	*skarfa*	Schal
bonaid (f)	*bonaitsch*	Mütze, Kappe
lèine (w)	*leene*	Hemd
lèine T (w)	*leene tii*	T-Shirt
còta (m)	*koochta*	Mantel
deise (w)	*dschesche*	Anzug
ad (w)	*att*	Hut
fàinne (m/w)	*faanje*	Ring
fèile (m)	*feele*	Kilt
pìob (w)	*piip*	Dudelsack
fideag (w)	*fidschak*	Flöte
clàrsach (w)	*klaarssach*	Harfe
clàr (m)	*klaar*	CD
fir taileisg *Männer Schach-2*	*fi^th^ talischk*	Schachfiguren

Damit Sie auch schöne bunte Sachen kaufen können, hier die wichtigsten Farben:

dath (m)	*da*	Farbe
dathach	*da'ach*	farbig
dearg	*dschärrak*	rot
ruadh	*ruagh*	rostrot

gorm	*gorrem*	blau, blattgrün
liath	*lia*	graublau
glas	*glass*	grau
uaine	*uanje*	grün, türkis
geal	*gäl*	weiß
buidhe	*bui'e*	gelb
pinc	*pink*	rosa
dubh	*du*	schwarz
donn	*daun*	braun

A bheil seo agaibh ann an dath eile?
a wäil scho akiw aun an da äle
FP ist dies bei-ihr in (-) Farbe andere
Haben Sie das auch in einer anderen Farbe?

Dè na tha sin?
dschee na ha schinn
was das ist jenes
Was macht das?

Dè tha sin a' cosg?
dschee ha schinn a kosk
was ist jenes bei Kosten
Was kostet das?

A bheil sibh a' gabhail càirt-chreidis?
a wäil schiiw a ga'al kaarscht-chredisch
FP ist ihr bei Nehmen Karte-Kredit
Nehmen Sie Kreditkarten ?

not (m Ez)	*nocht*	(1) Pfund (Banknote)
notaichean (m Mz)	*nochtichen*	Pfund
sgillin (w)	*skillin*	Pence
èoro (m)	*e-ooro*	Euro
cairt-fhiachan (w)	*kaarscht iachan*	EC-Karte
càirt-chreidis (w)	*kaarscht-chredisch*	Kreditkarte
facal-faire (m)	*fachkal-fathe*	Kennwort

Tha sin a' cosg not.
ha schinn a kosk nocht
ist jenes bei Kosten Note
Das kostet ein Pfund.

Tha sin ...
ha schinn ...
ist jenes ...
Das macht ...

dà not	*daa nocht*	*zwei° Note*	2 Pfund
trì notaichean	*trii nochtichen*	*drei Noten*	3 Pfund
aon not deug	*üon nocht dschiak*	*eins° Note zehn*	11 Pfund
dà not dheug	*daa nocht jiak*	*zwei° Note zehn*	12 Pfund
trì notaichean deug	*trii nochtichen dschiak*	*drei Noten zehn*	13 Pfund
fichead not	*fichet nocht*	*zwanzig Note*	20 Pfund

Der Gäle bezeichnet das Geld nur als (Bank-) Note, im Gälischen werden „Pence" auch heute noch als „Schilling" bezeichnet.

Wenn sie schottisches Geld in Deutschland zurücktauschen wollen, werden sie auf Banken oft angeschaut, als wollten Sie eine Währung vom Südpol einhandeln. Man muss es einreichen und erhält einen schlechten Rücktauschkurs.

not ach sgillin
nocht ach skillin
Note aber Pence
99 Pence

dà not ach sgillin
daa nocht ach skillin
zwei° Note aber Pence
1,99 Pfund

not gu leth sgillin
nocht gu lä skillin
Note nach halb Pence
1,50 Pfund

naoi notaichean ach sgillin
nüoi nochtichen ach skillin
neun Noten aber Pence
8,99 Pfund

Nachdem wir den Preis vernommen haben, kann es durchaus sein, dass wir nichts mehr kaufen möchten.

Tha sin daor!
ha schinn düor
ist jenes teuer
Das ist teuer!

Tha sin ro dhaor.
ha schinn ro ghüor
ist jenes zu° teuer
Das ist zu teuer.

Mòran taing, ach chan eil mi ag iarraidh sin.
mooran taink, ach chan jäil mi ak iarri schinn
Vieles Dankes-2 aber nicht° ist ich bei Wollen jenes
Vielen Dank, aber das möchte ich nicht.

Bu toil leam sin, ach chan eil airgead gu leòr agam.
bu toll läm schinn, ach chan jäil ätheget gu leoor akam
wäre Wunsch mit-ich jenes aber nicht° ist Geld U genug bei-ich
Ich hätte das gerne, aber ich habe nicht genug Geld dabei.

Essen und Trinken

Aussprache-beispiele

Essen und Trinken tun auch die Schotten gerne. Die schottische Küche hat wie die britische allgemein mit den bekannten Vorurteilen zu kämpfen. Tatsache ist, dass man in Schottland hervorragend essen kann, man sollte nur wissen wo. Auskünfte gibt jede Tourismus-Information sowie die Plakette **A taste of Scotland** an der Restauranttür. Das einzige mir bekannte Edelrestaurant, in dem man auf Gälisch bestellen kann, findet man im **Caberfeidh Hotel** in Stornoway auf Lewis.

Sehr stilvoll ist natürlich eine Portion **Fish and Chips** aus einer Bude an einem Hebridenhafen: Knuspriger Fisch im Teigmantel, dicke Fritten, gesalzen und kräftig mit Malzessig gewürzt. Fish and Chips sind übrigens das typische Essen zum Mitnehmen. In den Buden gibt es keine Möglichkeit, an Ort und Stelle zu essen.

biadh (m)	*biagh*	Essen
deoch (m)	*dschoch*	Getränk(e)
taigh-bidh (m)	*tai-bii*	Restaurant
taigh-seinnse (m)	*tai-schäinnsche*	Kneipe
cafaidh (m)	*kaffee*	Café
clàr-bìdh (m)	*klaar-bii*	Speisekarte
biadh air bois *Essen auf Hand*	*biagh ä[th] bosch*	Zum Mitnehmen

Abends bietet sich ein **bar meal** im Pub (**taigh-seinnse** *tai-schä-innsche*) an. Hier bestellt man zusammen mit seinem Getränk das Essen an der Theke, bezahlt sofort, und die Bedienung bringt es an den Tisch. Im Café oder Pub erwartet niemand ein Trinkgeld. Im Restaurant gelten diesbezüglich dieselben Regeln wie bei uns.

Frühstück

Bracaist Albannach slàn *Brachkischt Allepanach slaan,* das „volle schottische Frühstück" besteht aus gebackenem Speck, gebratenen Würstchen und / oder Blutwurst, Spiegeleiern, Tomate und Pilzen. Vorher wird oft Haferbrei serviert, auf den Inseln auch gerne Räucherfisch-Kippers. Anschließend gibt es Toast, Marmelade und Butter. Neben einem Glas Orangensaft steht die obligatorische Kanne Tee auf dem Tisch, auf Wunsch auch immer öfter Kaffee.

Für Urlauber und Gefräßige reicht so ein Frühstück oft bis zum Abend. Die Schotten essen so etwas nur selten. Meistens reicht ein Griff in die Cornflakes-Tüte, Milch drüber, Ende.

cofaidh (m)	*koffi*	Kaffee
tì (m)	*tii*	Tee
bainne (m)	*bannje*	Milch
siùcar (m)	*schuuchker*	Zucker

sùgh orains (m) *Saft Apfelsine*	*ssuu orintsch*	Orangensaft
brochan (m), lite (w)	*brochan, lichtsche*	Haferbrei
uighean (m Mz)	*uijen*	Eier
uighean bruich *Eier kochen*	*uijen bruich*	gekochte Eier
uighean pronn *Eier gequetscht*	*uijen praun*	Rühreier
uighean air praighigeadh *Eier nach Braten*	*uijen ä^th^ pra'igagh*	Spiegeleier
hama (m)	*hamma*	Speck
isbean (m)	*ischpen*	Würstchen
marag dhubh (w) *Pastete schwarz*	*marrak ghu*	Blutwurst
marag gheal (w) *Pastete hell*	*marrak jäl*	„Blutwurst“ ohne Blut
aran (m)	*aran*	Brot
ìm (m)	*iim*	Butter
silidh (m)	*schili*	Marmelade

Sollten Sie zum Frühstück die kleinen Bratwürstchen verlangen, wird man Sie möglicherweise verwundert anschauen. Es hat sich herumgesprochen, dass Deutsche keine Frühstückswürstchen mögen. Dagegen ist ja der gesunde und nahrhafte Haferbrei jetzt auch in Deutschland schwer in Mode.

Mittagessen

Das klassische, schottische **an dìnnear** *dschiinear* klingt zwar wie „dinner“, besteht aber meistens aus einer Suppe mit Sandwich. Cafés bieten Kleinigkeiten, wie Sandwich und Suppen, an. Letztere sind besonders zu empfehlen. Meistens sind sie hausgemacht und sehr lecker.

brot (m)	*brocht*	Suppe
ceapaire (m)	*keechpathe*	Sandwich
càise (m)	*kaasche*	Käse
hama (m)	*hamma*	Schinken
rola (m)	*rolla*	Brötchen

Am Nachmittag nimmt man in Schottland gerne ein Tässchen Tee zu sich, sowie das eine oder andere Plätzchen oder auch ein Stück Kuchen. Für alle Süßigkeiten gilt, dass sie unheimlich gehaltvoll sind – und lecker! Ein Urlaub in Schottland ist nichts für „weight watchers", eher etwas für unmäßige Genießer, die hinterher ihre Kilos wieder abtrainieren wollen.

cèic (w)	*keeichk*	Kuchen
uachdar (m)	*uachker*	Sahne
aran coirce (m)	*arran cotheke*	Haferplätzchen
briosgaid (w)	*briskitsch*	Plätzchen

Abendessen

Abends gibt es dann das **suipear** *suichper*. Hier wird warm aufgetischt. Schottische Hausmannskost erinnert in vielem an deutsche Klassiker, wie z. B. ein Stück Fleisch, Gemüse, Kartoffeln. Besonders lecker sind die Lamm- und Fischgerichte. Frischer schottischer Wildlachs oder auch geräucherter aus North Uist direkt aus der Räucherei ist ein Hochgenuss und sein Geld wert. Oder Miesmuscheln auf Skye zusammen mit einem kühlen **eighty shillings.** Wer wissen will, was das ist, sehe unter „Getränke" nach!

feòil (w)	*feool*	Fleisch
mairtfheoil (w)	*marschteool*	Rindfleisch
muicfheoil (w)	*muichkeool*	Schweinefleisch

uan (m)	*uan*	Lamm
cearc (w)	*kärrak*	Huhn
sìthiann (w)	*schi'on*	Wild
iasg (m)	*iask*	Fisch
lèabag (w)	*leepak*	Scholle
breac (m)	*breachk*	Forelle
bradan (m)	*brattan*	Lachs
sgadan (m)	*skattan*	Hering
biadh maorach (m Mz)	*biagh müorach*	Meeresfrüchte
glasraich (w)	*glasrich*	Gemüse
tomato (m)	*tomato*	Tomate
sailead (m)	*ssalat*	Salat
pònairean (w)	*poone*th*en*	Bohnen
snèip (w)	*sneechp*	Steckrübe
peasraichean (w Mz)	*pessrichen*	Erbsen
currain (m)	*kurren*	Möhren
càl (m)	*kaal*	Kohl
colag (w)	*kollak*	Blumenkohl
uinnean [-an] (m)	*unnean (-an)*	Zwiebel(n)
buntàta (m Mz)	*buntaata*	Kartoffeln
Gewürze		
salann (m)	*ssallan*	Salz
piobar (m)	*pipper*	Pfeffer
siùcar (m)	*schuuchker*	Zucker
measan (m)	*messan*	Obst
abaich	*apich*	reif
grod	*krot*	faul, verdorben
ubhal (m)	*uall*	Apfel
orainsear (m)	*oranscher*	Apfelsine
plumbais (w)	*plumisch*	Pflaume
peur [Mz: -an] (w)	*peer [-an]*	Birne

ruadh-bhàrr (m)	*ruagh-waar*	Rhabarber
dearcan fìona (w Mz)	*dschäraken fiiona*	Weintrauben
sùbhagan-craoibhe (w Mz)	*ssuuwakan krüiwe*	Himbeeren
sùbhagan-làir (w Mz)	*ssuuwakan laa*[th]	Erdbeeren

Bestellen

Tha an t-acras orm.
ha an tachkras orrem
ist der Hunger auf-ich
Ich habe Hunger.

Tha am pathadh orm.
ha am pa'agh orrem
ist der Durst auf-ich
Ich habe Durst.

A bheil thu / sibh ag iarraidh biadh?
a wäil u / schiiw ak iarri biagh
FP ist du / ihr bei Wollen Essen
Willst du /Wollen Sie etwas essen?

Tha, tha mi ag iarraidh bracaist / dìnnear / suipear.
ha, ha mi ak iarri brachkischt / dschiinear / ssuichper
ist ist ich bei Wollen Frühstück / Mittagessen / Abendessen
Ja, ich möchte Frühstück / Mittag- / Abendessen.

Am faigh mi an clàr-bìdh?
am fai mi an klaar-bii
FP bekommen-werden ich die Liste Essen
Kann ich die Speisekarte haben?

A bheil biadh ri fhaighinn an seo?
a wäil biagh ri ai'in an-scho
FP ist Essen zu Bekommen hier
Gibt es hier etwas zu essen?

Dè th' agaibh an-diugh?
dschee hakiw an-dschiu
was ist bei-ihr heute
Was haben Sie heute?

Bu toil leam bradan le buntàta agus glasraich.
bu toll läm brattan lä buntaata ages glasrich
wäre Wunsch mit-ich Lachs mit Kartoffeln und Gemüse
Ich hätte gerne Lachs mit Kartoffeln und Gemüse.

A bheil feòil-caorach agaibh?
a wäil feool-küorach akiw
FP ist Fleisch-Lamm bei-ihr
Haben Sie Lammfleisch?

Dè 'n seòrsa brot a th' agaibh an-diugh?
dscheen schoorsa brocht a hakiw an-dschiu
was die Sorte Suppe welche ist bei-ihr heute
Welche Suppe haben Sie heute?

Gabhaidh mi brot an latha agus rola.
ga'i mi brocht an la'a ages rolla
nehmen-werden ich Suppe des-2 Tages-2 und Brötchen
Ich nehme die Tagessuppe und ein Brötchen.

Eine Standardbeilage sind Erbsen und Möhren sowie kleine Pellkartoffeln, die Sie getrost mit Schale essen können. Häufig gibt es zusätzlich noch Fritten dazu. Pellkartoffeln gelten als Gemüse, die Fritten als Kartoffelbeilage. Für Schotten ist ein Essen ohne Kartoffeln kein richtiges Essen. Das kennen wir aus manchen Gegenden in Deutschland auch, z. B. aus der Eifel.

Gabhaibh mo leisgeul, tha barrachd salann a dhìth air.
gawiw mo leschkeal, ha barrochk ssallan a jii äth
nehmt meine Entschuldigung ist mehr Salz welches fehlt auf-er
Entschuldigung, da fehlt Salz.

Am faigh mi am piobar?
am fai mi am pipper
FP bekomme ich den Pfeffer
Kann ich den Pfeffer bekommen?

Hat man gegessen, wird man gefragt, ob es geschmeckt hat:

An robh e math?
an ro ä ma
FP war es gut
War es gut?

mögliche Antworten

Bha e glè mhath ach bha cus ann.
wa ä glee wa ach wa kuss aun
war es sehr° gut aber war zu-viel in
Es war sehr gut, aber zu viel.

Bha e uabhasach math, mòran taing!
wa ä uawassach ma, mooran taing
war es schrecklich gut vielen Dank
Es war äußerst gut, vielen Dank!

An do chòrd e ruibh?
an do choorschd ä riw
FP V gefiel es zu-ihr
Hat es Ihnen geschmeckt?

Chòrd e gu mòr rium.
choorschd ä gu moor rum
gefiel es U groß zu-mir
Es hat mir sehr geschmeckt.

Am bu toil leibh cofaidh no tì?
am bu toll läiw koffi no tii
FP wäre Wunsch mit-ihr Kaffee oder Tee
Hätten Sie gerne Kaffee oder Tee?

Bu toil, gabhaidh mi tì.
bu toll, ga'i mi tii
wäre Wunsch nehmen-werden ich Tee
Ja, ich nehme Tee.

Manchmal kommt leider auch das hier vor:

Tha mi duilich, ach bha e ro fhuar.
ha mi dullich, ach wa ä ro uar
ist ich bekümmert aber war es zu° kalt
Tut mir Leid, aber es war zu kalt.

Bha an t-iasg amh.
wa an tschiask aaw
war der Fisch roh
Der Fisch war roh.

Am faigh mi an cunntas?
am fai mi an kuuntas
FP bekommen-werden ich die Rechnung
Kann ich die Rechnung haben?

Chan eil airgead gu leòr agam.
chan jäil äth*eget gu leoor akam*
nicht° ist Geld U genug bei-ich
Ich habe nicht genug Geld dabei.

Am bi agam ris na soithichean a nighe?
am bi akam risch na ssoi'ichen a nihe
FP sein-werden bei-ich zu das Geschirr zu° Reinigen
Muss ich die Teller spülen?

Im Pub

Das schottische Essensangebot in Restaurants ist in den Städten international, auf dem Land und auf den Insel meist traditionell, obwohl es dort nun auch Döner und sogar „German Bratwurst" gibt. Frischer als an der Küste kann man Fisch und Meeresgetier nicht auf den Teller bekommen. Und danach bietet sich ein schottisches Getränk an. Berühmt ist dieses Land für seine Unzahl an hervorragenden Single Malt Whiskies; mit den Iren wird sich liebevoll um die Erfindung des Lebenswassers gestritten. Für diesen Kauderwelsch-Band gilt natürlich, dass dieses eindeutig eine schottische Spezialität ist.

Die wenigsten wissen, dass Schottland auch hervorragendes Bier zu bieten hat, welches im Gegensatz zu England auch immer kalt getrunken wird. Für seine Weinauswahl ist Schottland hingegen eher nicht berühmt: Wein kommt oft aus Übersee und das Angebot hält sich in Grenzen.

Pubs befinden sich oft in Hotels. Dort gibt es die so genannte **lounge bar** und die **public bar.** In der **lounge bar** ist es oft ruhiger und ein wenig schicker, in der **public bar** kann's auch schon mal hoch hergehen. Wenn man sein Gälisch bei Einheimischen an der Theke ausprobieren möchte, liegt man hier richtig.
Wenn Sie im Hochland oder auf den Inseln in einem Pub sind, versuchen Sie bitte nicht, ein Fenster zu öffnen, auch dann nicht, wenn es drinnen drückend heiß ist. Damit setzen Sie sofort alle Gäste dem Angriff Myriaden von kleinen Mücken aus, und so macht man sich keine Freunde.

Die Pubs im Hochland schließen gewöhnlich gegen 24 Uhr, manche haben auch bis ein Uhr geöffnet. Getränke holt man sich an der Theke selber, zahlt sofort und gibt kein Trinkgeld. Eine Besonderheit stellen die Runden dar. Geht man zu mehreren aus, holt einer für alle Getränke und zahlt auch alles. Es wird erwartet, dass dieses Verhalten die „Runde" macht, ist also nicht als Einladung zu verstehen.

Wenn Sie nicht Teilnehmer einer Runde sein möchten, ist dies kein Problem. Holen Sie sich einfach Ihr eigenes Getränk an der Bar. Sind Sie aber in der Runde, achten Sie darauf, sich auch zu beteiligen. Alles andere wäre grob unhöflich. (Um das aber laut zu sagen, sind Schotten wohl selbst zu höflich.)

taigh-seinnse (m)	*tai-schäinnsche*	*Haus-Wechsel*	Kneipe
taigh-òsta (m)	*tai-oosta*	*Haus-Gast*	Hotel, Gasthaus
pub (m)	*pab*		Pub

Taigh-seinnse – das Wort **seinnse** hat übrigens nicht mit **a' seinn** (singen) zu tun, obwohl man bei einer Kneipe in diesem musikalischen Land durchaus auf diesen Gedanken kommen könnte. Es handelt sich vielmehr um das englische Wort „change". Ein **taigh-seinnse** („Haus-Wechsel") war eine Pferdeumspannstation für die Postzustellung und Reisende, die natürlich auch Unterkunft und Verpflegung brauchten. Heute rauscht der Postbus an diesen Häusern vorbei, und es wird höchstens noch Geld gegen Getränke gewechselt.

Nichtalkoholische Getränke

uisge (m)	*üschke*	Wasser
còc (m)	*koochk*	Coca Cola
sùgh orains (m)	*ssuu orintsch*	Orangensaft

Alkoholische Getränke

Neben großen Namen wie **MacEwan's** oder **Belhaven** haben sich eine Anzahl kleiner Regionalbrauereien etablieren können, die leckere Starkbiere herstellen. Erwähnenswert ist die **Skye Brewery** in Uig. Dunkles Starkbier wird unterschieden in **forty shilling** (stark) und **eighty shilling** (noch stärker).

leann (m)	*le'un*	Bier
làgair (m)	*laage[th]*	helles Bier
pìnnt (m)	*piintsch*	Pint (ca. 0,6 l)
leth-phìnnt (m)	*lä-fiintsch*	halbes Pint
glainne (w)	*glannje*	Glas
botal (m)	*bochtal*	Flasche
fìon (m)	*fiion*	Wein
fìon dearg (m)	*fiion dschärrak*	Rotwein
fìon geal (m)	*fiion gäl*	Weißwein
uisge-beatha (m) *Wasser-Leben*	*üschke-bäha*	Whisky
mac na bracha (m) *Sohn des-2 Malzes-2*	*machk na bracha*	Single Malt
uisge-beatha pòsta (m) *Wasser Leben-2 verheiratet*	*üschke-bäha poosta*	Blended Whisky
tè bheag (w) *Ding(w)° klein*	*tschee wäk*	ein Kleiner
tè mhòr (w) *Ding(w)° groß*	*tschee woor*	ein Doppelter

Wortwörtlich bedeutet **uisge-beatha** „Wasser des Lebens" und aus dem Wort **uisge** hat sich „Whisky" entwickelt („Whiskey" ist die irische Variante). Allein die vielen Destillerien rechtfertigen einen wochenlangen Aufenthalt in Schottland, aber Vorsicht:

Na òlaibh cus!
na ooliw kuss
nicht trinkt zu-viel
Trinken Sie nicht zu viel!

Gabhaidh mi pinnt làgair.
ga'i mi piintsch laage[th]
nehmen-werden ich Pint Lagerbier
Ich nehme ein Pint Lagerbier.

Bu toil leam glainne fìon dearg.
bu toll läm glannje fiion dschärrak
wäre Wunsch mit-mir Glas Wein rot
Ich hätte gerne ein Glas Rotwein.

Tha mi ag iarraidh Tailisgeir le beagan uisge ach gun deigh.
ha mi ak iarri Talischke[th] *lä bäkan üschke ach gun dscheei*
ist ich bei Wollen Talisker mit ein-Weniges Wasser aber ohne Eis
Ich möchte einen Talisker mit ein wenig Wasser, aber ohne Eis.

Sie möchten jemanden auf einen Drink einladen:

?

A bheil thu ag iarraidh deoch?
a wäil u ak iarri dschoch
FP ist du bei Wollen Getränk
Willst du was zu trinken?

mögliche Antworten

Chan eil.	**Tha.**
chan jäil	*ha*
nicht° ist	*ist*
Nein.	Ja.

Dè ghabhas sibh / tu ri òl?
dschee ga'as schiiw / tu ri ool
was nehmen-werden ihr / du zu trinken
Was trinkt ihr / trinkst du?

Gabhaidh mise glainne fìon dearg.
ga'i mische glannje fiion dschärrak
nehmen-werden ich Glas Wein rot
Ich nehme ein Glas Rotwein.

Slàinte mhath!
slaantsche wa
Gesundheit° gut
Prost!

Slàinte mhòr!
slaantsche woor
Gesundheit° groß
Prost!

Tha e air a mhisg!
ha e äth a wischk
ist er auf seiner° Trunkenheit
Er ist betrunken!

Tha an deoch oirre!
ha an dschoch orre
ist das Getränk auf-sie
Sie ist betrunken!

Der Tag danach ...

Tha ceann goirt orm.
ha keaun gorscht orrem
ist Kopf verletzt auf-ich
Ich habe einen dicken Kopf.

Tha mi sgìth.
ha mi skii
ist ich müde
Ich bin müde.

Musik

Das „Royal National Mod“ ist das jährliche musikalische Großereignis der gälischen Welt Schottlands. Jedes Jahr an einem anderen Ort in Schottland findet dieser traditionelle Musik- und Gesangswettbewerb im Oktober statt, dessen Finale bei **Radio nan Gàidheal** live übertragen wird. Den Siegern winkt eine Medaille. Daneben finden in jeder Region Schottlands auch lokale „Mods“ statt.

Aussprachebeispiele

Weitaus moderner und auch für zeitgemäße Musikströmungen offen ist das im Januar stattfindende Festival **Celtic Connections** in Glasgow. Hier wird auch gerockt, und Musikgruppen aus der ganzen Welt verbinden „keltische“ Klänge mit ihren eigenen Musikstilen.

Eine der renommiertesten Sommerschulen für traditionelle Musik ist **Ceòlas** *Keoolas* auf der Insel South-Uist. Jedes Jahr im Juli treffen sich hier Musikbegeisterte, um Dudelsack, gälische Lieder und traditionelle Tänze zu lernen. Sommerkurse für traditionelle Musik bietet auch das gälische College **Sabhal Mòr Ostaig** *Ssa'al Mor Ostäk* auf Skye an.

Cò a bhios a' seinn / a' cluich a-nochd?
ko a wias a schäin / a kluich a-nochk
wer (-) sein-werden bei Singen / bei Spielen heute-Abend
Wer singt / spielt heute Abend?

clàrsach (w)	*klaarssach*	Harfe
a' phìob (w)	*a fiip*	Dudelsack
fidheall (w)	*fi'all*	Geige
fideag (w)	*fidschak*	Flöte

òran (m)	*ooran*	Lied
dannsa (m)	*daunssa*	Tanz
ceòl (m)	*kjool*	Musik
seinn	*schäin*	singen
cluich	*kluich*	spielen (Instrument)

Càite am bi am Mòd Rìoghal Nàiseanta a' tachairt am bliadhna?
kaatsch am bi am Mood Rii'al Naaschenta a tacharscht am bliana
wo (-) sein-werden das Mod Königlich National bei Stattfinden dieses Jahr
Wo findet das Royal National Mod dieses Jahr statt?

Ann am Peairt.
aun am Pearscht
In Perth.

Musik ist aus dem Alltagsleben der Gälen nicht wegzudenken. Häufig findet ein so genanntes **cèilidh** *keeli* statt. Das sind Zusammenkünfte, bei denen getanzt und musiziert wird. Sollten Sie ein Plakat oder einen Hinweis in der Zeitung sehen, gehen Sie auf jeden Fall hin. Ursprünglicher werden Sie besonders auf den Hebrideninseln traditionelle Musik nicht zu hören bekommen. Möglicherweise bekommen Sie ein Mikro in die Hand gedrückt mit der Bitte, ein Lied vorzutragen.

Gabh òran (Gearmailteach)!
gaaw ooran (Gerremaltschach)
nimm Lied (deutsch)
Sing ein (deutsches) Lied!

Wenn Sie sich drücken wollten (was Sie natürlich nicht tun werden), könnten Sie antworten:

Tha mi duilich, chan urrainn dhomh seinn.
ha mi dullich, chan urrinn gho schäinn
ist ich bedauerlich nicht°-ist Fähigkeit zu-ich Singen
Tut mir Leid, ich kann nicht singen.

Coma leat, feumaidh tu!
koma lät, feemi tu
egal mit-du müssen-werden du
Egal, du musst!

Sin thu fhèin!
schinn u heein
jenes du selbst
Klasse! Gut gemacht!

Flirt und Liebe

Wenn Sie jemanden kennenlernen möchten, funktioniert das ungefähr genau so wie bei uns. Eine lose Bekanntschaft zu machen, die möglicherweise in eine nette Freundschaft übergeht, ist sehr schnell möglich.

An tèid thu don chèilidh còmhla rium a-nochd?
an dscheedsch u don cheeli koola rum a-nochk
FP gehen-werden du zu-dem° Tanzfest-3 zusammen zu-ich heute-Abend
Gehst du heute Abend zusammen mit mir zum Tanzfest?

A bheil thu a' siubhal leat fhèin?
a wäil u a schual lät heein
FP ist du bei Reisen mit-du selbst
Bist du alleine unterwegs?

Am faod mi do thoirt dhachaigh?
am füot mi do hoorscht ghachai
FP dürfen-werden ich dein° Bringen nach-Hause
Darf / Kann ich dich nach Hause bringen?

Tha thu a' coimhead brèagha!
ha u a koijet bri'a
ist du bei Schauen hübsch
Du siehst gut aus!

Tha gaol agam ort!
ha güol akam orscht
ist Liebe bei-ich auf-du
Ich liebe dich!

'S toil leam (gu mòr) thu.
s toll läm (gu moor) u
ist Wunsch mit-ich (U groß) du
Ich mag dich (sehr).

Thuit mi ann an gaol.
huichtsch mi aun an güol
fiel ich in Liebe
Ich habe mich verliebt.

An toir thu pòg dhomh?
an too^th u pook gho
FP geben-werden du Kuss zu-ich
Gibst du mir einen Kuss?

Wenn man sich dann näher kommt, kann man fragen:

A bheil sin a' còrdadh ruit?
a wäil schinn a koorschdagh rut
FP-ist jenes bei Gefallen zu-du
Magst du das?

mögliche Antwort

Tha, tha sin math.
ha, ha schinn ma
ist ist jenes gut
Ja, das ist gut.

Càite an tèid sinn a-nis?
kaatsch an dscheedsch schiin a-nisch
wohin (-) gehen-werden wir jetzt
Wohin gehen wir jetzt?

Tha mi ag iarraidh a dhol air do mhuin.
ha mi ak iarri a ghol ä[th] do wun
ist ich bei Wollen zu° Gehen auf dein° Besteigen
Ich möchte mit dir schlafen.

A bheil casgan agad?
a wäil kaskan akat
FP ist Bremse bei-du
Hast du ein Kondom?

Chan eil mi ag iarraidh sin!
chan jäil mi ak iarri schinn
nicht° ist ich bei Wollen jenes
Ich möchte / will nicht!

Na dèan-sin (a-rithist)!
na dscheean-schinn (a-ri'ischt)
nicht mach-jenes (nochmal)
Mach das nicht (nochmal)!

Sguir dheth!
sku[th] jä
lass von-er
Lass das sein!

Tha sin ro luath.
ha schinn ro lua
ist jenes zu° schnell
Das geht mir zu schnell.

Thalla!
halla
verschwinde
Hau ab!

Bheir mi dhut sgailc!
wee[th] mi ghut skallek
geben-werden ich zu-dir Ohrfeige
Ich knall dir gleich eine!

gaol (m)	*güol*	Liebe
càirdeas (m)	*kaarschdsches*	Freundschaft
pòs [a' pòsadh]	*poos [a poosagh]*	heiraten
leatromach	*lätroumach*	schwanger
co-sheòrsach	*ko-heoorsach*	schwul, lesbisch
tar-ghnèitheach	*tar gre'ach*	transgender
mo ghràidh!	*mo ghraai*	Liebling!
m' eudail!	*meetal*	Schätzchen!

Bank und Geld

Die britische Währung Pound Sterling gilt auch in Schottland. Die schottischen Banken geben aber auch eigene Banknoten heraus. Diese schottischen Geldscheine werden südlich der Grenze nicht unbedingt gern angenommen; englisches Geld wird jedoch überall in Schottland akzeptiert.

Banken sind im Hochland immer dünner gesät. Nicht überall können Sie noch Geld tauschen, da immer mehr Filialen schließen. Aber es gibt in allen größeren Orten und oft in Supermärkten Geldautomaten. Auf Englisch nennt man diese „hole in the wall“. Auf Gälisch sagt man:

an toll anns a' bhalla
an toull auns a walla
das Loch in der-3° Wand-3
Geldautomat

Wo weder Bank noch Automat ist, kommt mehrere Male in der Woche der Bankbus. Bankbusse akzeptieren oft keine Kreditkarten mehr. Daher können Sie dort Geld nur in bar tauschen.

Bu toil leam Eòro iomlaid gu pùnnd Albannach.
bu toll läm Eooro iumlidsch gu puunt Allepanach
wäre Wunsch mit-ich Euro Wechseln nach Pfund schottisch
Ich würde gerne Euro in schottische Pfund wechseln.

Das Pfund Sterling hat übrigens nichts mit der schottischen Stadt Stirling zu tun. Der Begriff leitet sich von „Osterling“ ab. Damit wurde ursprünglich die Silberwährung der Hansestädte bezeichnet, die durch die engen Handelsbeziehungen bis London kam.

Da dieses Silbergeld aus dem Osten kam, wurde es „Osterling“ genannt. Übrig blieb „Sterling“. Auch Silber mit einem bestimmten Reinanteil wird Sterling-Silber genannt.

Post

Die Poststellen in Schottland erkennt man an einem roten Schild mit der Aufschrift **Post Office** bzw. **oifis a' phuist.** Oft sind die Poststellen in die Lebensmittelgeschäfte integriert. Auf den Hebriden können Sie auf der Post Gälisch sprechen, oft werden aber Postgeschäfte auch in Englisch abgehandelt.

oifis a' phuist (w) *Büro der-2° Post-2*	*ofisch a fuscht*	Postamt, Postagentur
càirt phuist (w) *Karte postalisch*	*kaarscht fuscht*	Postkarte
litir (w)	*lichtschi[th]*	Brief
stampaichean (m Mz)	*stampichen*	Briefmarken
parsail (m)	*parssal*	Päckchen
bocsa litrichean (m) *Kasten Briefe*	*bochksa lichtrichen*	Briefkasten

Bu toil leam stampaichean don Ghearmailt.
bu toll läm stampichen don Jerremaltsch
wäre Wunsch mit-ich Briefmarken zu-dem-3° Deutschland-3
Ich hätte gerne Briefmarken für Deutschland.

Bu toil leam sin a chur don Eilbhis / don Ostair.
bu toll läm schinn a chur don Ällewisch / don Oste[th]
wäre Wunsch mit-ich jenes zu Schicken zu-die-3° Schweiz-3 / zu-die-3°Österreich-3
Ich möchte dies in die Schweiz / nach Österreich schicken.

Telefon und Internet

Das klassische rote Telefonhäuschen ist auch in Schottland immer mehr durch „Glashauben“ ersetzt worden. Trotzdem findet man immer noch Telefonzellen, die völlig einsam in der Landschaft herumstehen, selbstverständlich funktionieren, und in denen man sich auch anrufen lassen kann. Gerade in Gegenden, in denen der Mobilfunkempfang schlecht ist, sind sie oft der einzige Kontakt zur Außenwelt. Das Mobilfunknetz deckt allerdings zunehmend immer größere Gebiete Schottlands gut ab. Im Gegenzug werden die Telefonhäuschen abgebaut.

Deutsche Mobiltelefone funktionieren auch in Schottland. Auch auf den Hebriden ist der Empfang ausgezeichnet. Im Hochland kann es aber durch die Berge hin und wieder zu großen Funklöchern kommen.

Telefonieren

A bheil fòn ann an-seo?
a wäil foon aun an-scho
FP ist Telefon in hier
Gibt es hier ein Telefon?

Chan eil am fòn-làimhe agam ag obrachadh.
chan jäil am foon-laaiwe akam ak obrachagh
nicht° ist das Telefon-Hand bei-ich bei Funktionieren
Mein Mobiltelefon funktioniert nicht.

Am faod mi am fòn agaibh a chleachdadh?
am füot mi am foon akiw a chleachkagh
FP dürfen ich das Telefon bei-ihr zu Benutzen
Darf ich Ihr Telefon benutzen?

Am faod mi fònadh?
am füot mi foonagh
FP dürfen-werden ich Telefonieren
Kann / Darf ich mal telefonieren?

fòn (m)	*foon*	Telefon
fòn-làimhe (m) *Telefon-Hand-2*	*foon-laaiwe*	Mobiltelefon
bocsa fòn (m) *Kasten Telefon*	*bochksa foon*	Telefonzelle
leabhar fòn (m) *Buch Telefon*	*ljo'or foon*	Telefonbuch
cuir [a' cur] fòn gu	*kuth [a kur] foon gu*	telefonieren
àireamh fòn (w) *Nummer Telefon*	*aathew foon*	Telefonnummer
tog [a' togail]	*tok [a tokal]*	abnehmen
cuir [a' cur] sìos	*kuth [a kur] schiios*	auflegen

In Schottland meldet man sich am Telefon mit **Halò** (Hallo!).

Halò, cò (a) tha (a') bruidhinn?
haloo, ko (a) ha (a) bri'in
hallo wer (welcher) ist (bei) Sprechen
Hallo, wer spricht da?

Halò, seo Màiri.
haloo, scho Maathi
hallo dieses Màiri
Hallo! Hier ist Mary.

Am faod mi bruidhinn ri Alasdair?
am füot mi bri'in ri Älisteth
FP dürfen-werden ich Sprechen zu Alasdair
Kann ich mit Alexander sprechen?

mögliche Antwort

Chan eil Alasdair a-staigh.
chan jäil Älisteth e-stai
nicht° ist Alasdair drinnen
Alexander ist nicht da.

Fuirichibh mionaid!
futhichiw minadsch
wartet Minute
Einen Moment, bitte.

Feuchaidh mi a-rithist e.
fiachi mi a-ri'ischt ä
versuchen-werden ich wieder es
Ich rufe nochmal an.

Den besten Mobilfunkempfang hat man buchstäblich am Ende der Welt, wo man es nicht erwartet. Die Insel Lewis ist sehr flach und hat seit Beginn des Mobilfunkzeitalters einen störungsfreien Empfang. Gott sei Dank haben Mobiltelefone eine Taste zum Abschalten.

W-Lan ist weit verbreitet, in Gaststätten etc. gibt es überall freies W-Lan. Das Kennwort erhalten Sie oft von der Bedienung.

eadar-lìon (m) *zwischen-Netz*	*ätter-liin*	Internet
post-dealain (m) *Post-Strom*	*post-dschällan*	E-Mail
teagsa	*täksa*	SMS
siognal	*siknal*	Empfang

coimpiutair (m)	*kompiuter*	Rechner
facal-faire *Wort-bewachen*	*fachkal fa*[th]*e*	Passwort
luch (w)	*luch*	Maus
clò-bhualadair (m) *Druck-Schläger*	*kloo-wualade*[th]	Drucker
foillsear (m) *Enthüller*	*fojlschar*	Monitor

Es gibt für die meisten Computerbegriffe auch ein gälisches Wort. Viele davon verstehen ältere Muttersprachler aber nicht. Unter jüngeren Leuten bzw. denen, die die Sprache bewusst gelernt haben, sind sie allerdings durchaus üblich.

Chan eil siognal agam an seo.
chan jäil siknal akam an scho
nicht° ist Signal bei-ich hier.
Ich habe keinen Empfang.

Cuiridh mi teagsa thugad.
Ku[th]*i mi täksa hukat*
schicken-werde ich Text zu-dir
Ich schicke Dir eine SMS.

A bheil thu air whatsapp / Facebook / TikTok?
A wäil u ä[th] *whatsapp / Facebook / TikTok?*
FP ist Du auf Whatsapp / Facebook / TikTok?
Bist Du auf Whatsapp / Facebook / TikTok?

Tha am bataraidh falamh. Feumaidh mi dealan.
Ha am batteri falu. Femi mi dschälan
Ist die Batterie leer. Benötigen-werde ich Strom.
Der Akku ist leer. Ich brauche Strom.

Bu toil leam coimhead air na puist-dealain agam.
bu toll läm koijet ä[th] *na puscht-dschällan akam*
wäre gut mit-ich Schauen auf die Post-Strom-2 bei-ich
Ich würde gerne meine E-Mails abrufen.

Fotografieren

Immer wieder beliebt ist der Klassiker „Mann im Kilt vor Burg“. Das Ganze am besten noch Dudelsack spielend. An vielen touristischen Sehenswürdigkeiten stehen solche Motive wie zufällig herum, und dann können Sie die Gelegenheit gerne nutzen. Achten Sie aber darauf, dass der Kilt eine ganz normale Festtagskleidung und für einige Menschen auch Alltagskleidung ist. Sie sollten in jedem Falle fragen, ob Sie von der betreffenden Person ein Foto machen dürfen.

camara (m)	*kamara*	Fotoapparat
camara digiteach	*kamara digitschach*	Digitalkamera
a' togail dealbh	*a tokal dschällaw*	ein Foto machen, fotografieren
lodachadh suas	*lodachagh ssuass*	hochladen, posten
sàbhalachdh	*ssaavalagh*	sichern, speichern

Am faod mi dealbh a thogail dhiubh?
am füot mi dschällaw a hokal ju
FP dürfen ich Bild zu Nehmen von-ihr
Darf ich ein Bild von Ihnen machen?

Am b' urrainn dhuibh dealbh a thogail dhinn.
am burrinn ghuiw dschällaw a hokal jiin
FP wäre Fähigkeit zu-ihr Bild zu Nehmen von-wir
Könnten Sie ein Bild von uns machen?

Krank sein

In Schottland sprechen alle Ärzte Englisch. Mit den folgenden Phrasen können Sie sich aber weiterhelfen, bis der Arzt kommt. Wenn es nicht ganz so schlimm ist, finden Sie einfache Medikamente gegen Grippe, Schmerzen usw. in jedem Supermarkt.

Tha mi tinn.
ha mi tschiin
ist ich krank
Ich bin krank.

Dè tha ceàrr ort?
dschee ha keaar orscht
was ist falsch auf-du
Was fehlt dir?

Tha mi lag.
ha mi lak
ist ich schwach
Mir ist schwindelig. / Ich fühle mich schwach.

Tha mi leatromach.
ha mi lätroumach
ist ich schwanger
Ich bin schwanger.

Tha mo chas briste.
ha mo chass brischtsche
ist mein° Bein gebrochen
Ich habe mir mein Bein gebrochen (oder auch „meinen Fuß“).

Tha mi air cur a-mach.
ha mi äth kur a-mach
bin ich nach Tun heraus
Ich habe mich erbrochen.

Feumaidh sibh masg a chur oirbh.
Femi schiiv mask a chur oref
Müssen-werden ihr Maske zu tun auf-euch
Sie müssen eine Maske aufsetzen.

Am feum mi masg an seo?
Am feum mi mask an scho
FP benötigen-werde ich Maske hier
Muss ich hier eine Maske tragen?

Fhuair mi banachdach dà thuras / trì tursan.
Huath mi banachkach daa hurrass / trii turrassan
bekam ich Impfung zwei Touren / drei Touren
Ich bin zweimal/ dreimal geimpft.

A bheil teisteanas-banachdaich / deuchainn agaibh?
A wäil tscheschtschanas-banachkich / dschiachinn akiw
FP ist Beleg-Impfen / Test bei-euch
Haben Sie einen Impfpass / einen Test?

Im Gälischen „hat“ man keine Schmerzen, sondern Schmerzen sind „auf“ (**air** *äth*) der betreffenden Person. Mit folgendem Mustersatz und der kleinen Tabelle kann man seine Befindlichkeiten ausdrücken.

Tha ... orm.
ha ... orrem
ist ... auf-ich
Ich habe ...

Tha an cnatan orm.
ha an krachtan orrem
ist die Erkältung auf-ich
Ich habe eine Erkältung.

an cnatan (m)	*an krachtan*	Erkältung
an dèideadh (m)	*an dscheedschagh*	Zahnweh

an tùchadh (m)	*an tuuchagh*	Heiserkeit
an lòinidh (m)	*an looni*	Rheuma
a' chuing (w)	*a chuink*	Asthma
an grèim (m)	*an greem*	Lungen-entzündung
tinneas an t-siùcair (m) *Krankheit des-2 Zuckers-2*	*tschinneas an tschuchke[th]*	Diabetes
am fiabhras (m)	*am fiawras*	Fieber
an casad (m)	*an kasset*	Husten
an aileag (w)	*an alak*	Schluckauf
pian (m Mz)	*pian*	Schmerzen
tinneas mara (m) *Krankheit Meeres-2*	*tschinneas mara*	Seekrankheit
a' bhuineach (w)	*a wuineach*	Durchfall
an coròna-bhìoras	*an korona-viiress*	Corona-Virus
a' bhanachdach (w)	*a wanachkach*	Impfung
an deuchainn (f)	*an dschiachinn*	Test
an teisteanas-banachdaich (m)	*an tscheschtscha-nas-banachkich*	Impfpass
air pàipear	*ä[th] päichper*	auf Papier
digiteach	*digitschach*	digital
air a' fòn-làimhe	*ä[th] a foon laiwe*	auf dem Mobiltelefon

Wenn Sie ansonsten unpässlich sind, können Sie mit dem folgenden Satz und der Liste auf Ihre Pein aufmerksam machen. Sie müssen aus der Wörterliste „Der Körper“ den bestimmten Artikel weglassen und dürfen nicht vergessen, dass **mo** das folgende Wort leniert.

Tha mo cheann / mo dhruim goirt.
ha mo chjaun / mo ghruim gorscht
ist *mein° Kopf / mein° Rücken* weh
Mein Kopf / Rücken tut weh.

Tha mo ... goirt.

ha mo ... gorscht

ist mein° ... schlecht

Mein ... tut weh.

Der Körper		
an gàirdean (m) **[Mz: na gàirdeanan]**	*an gaarschdschen* *[na gaarschdenen]*	der Arm
an t-sùil (w) **[Mz: na sùilean]**	*an tuul* *[na ssuulen]*	das Auge
a' bhrù (w)	*a wruu*	der Bauch
a' chas (w) **[Mz: na casan]**	*a chass* *[na kassan]*	das Bein; der Fuß
am broilleach (m)	*am broiljach*	die Brust (Brustkorb)
a' chìoch (w)	*a chiioch*	die (weibliche) Brust
am mionnach (m)	*am minnach*	der Darm
an uileann (w)	*an ulan*	der Ellenbogen
am meur (m) **[Mz: na meòirean]**	*am miar* *[na meoothen]*	der Finger
an ìne (w) **[Mz: na h-ìnean]**	*an iine* *[na hiinen]*	der Finger- / Zehennagel
an tòn (w)	*an toon*	das Gesäß
an aghaidh (w)	*an a'i*	das Gesicht
am falt (m Mz)	*am falt*	die Haare (Haupthaar)
an amhach (w)	*an awoch*	der Hals
an làmh (w)	*an laaw*	die Hand
an cridhe (m)	*an kri'e*	das Herz
an smiogaid (m)	*an smiketsch*	das Kinn
a' ghlùn (w) **[Mz: na glùinean]**	*a ghluun* *[na gluunen]*	das Knie

an cnàimh (m) [Mz: na cnàimhean]	*an kraaw [na kraawen]*	der Knochen
an ceann (m)	*an keaun*	der Kopf
an grùthan (m)	*an gruuhan*	die Leber
na bilean (w Mz)	*na bilen*	die Lippen
an sgamhan (m)	*an skawan*	die Lunge
an stamag (w)	*an stamak*	der Magen
am beul (m)	*am bial*	der Mund
an t-sròn (w)	*an troon*	die Nase
na dùbhagan (w Mz)	*na duuwaken*	die Nieren
a' chluas (w) [Mz: na cluasan]	*a chluas [na kluassan]*	das Ohr
am bod (m)	*am bott*	der Penis
an druim (w)	*an druim*	der Rücken
am faighean (m)	*am fai'an*	die Vagina
am fiacal (m) [Mz: na fiaclan]	*am fiachkal [na fiachklen]*	der Zahn
an òrdag (w) [Mz: na h-òrdagan]	*an oordak [na hoordakan]*	der Zeh
an teanga (w)	*an tschänga*	die Zunge

Feumaidh mi ...
feemi mi ...
bedürfen ich ...
Ich brauche ...

In diesen Satz können Sie die folgenden Begriffe einfügen:

fiaclair (m)	*fiachkleth*	Zahnarzt
dotair (m)	*dochteth*	Doktor

carbad-eiridinn (m)	*karrebat-e^th id-schinn*	Krankenwagen
taigh-eiridinn (m), ospadal (m)	*tai-e^th idschinn, ospatal*	Krankenhaus
bùth-chungaidhean (w)	*buu-chungi'en*	Apotheke *Geschäft-Apotheke*
acainn (w)	*achkinn*	Salbe
pilichean (m Mz)	*pillichen*	Tabletten
leigheas (m)	*lee'ass*	Medizin
pùdar (m)	*puuder*	Puder
leigheas-fuasglaidh (m)	*lee'ass-fuasgli*	Abführmittel *Medizin-Lösen-2*
leigheas-casad (m)	*lee'ass-kassat*	Hustensaft *Medizin-Husten-2*
plàst (m)	*plaast*	Pflaster
bann (m)	*baun*	Verband
òrdugh-cungaidh (m)	*oordu-chungi*	Rezept *Bestellung-Medizin*

Jetzt wird alles wieder gut:

A bheil thu nas fheàrr?
a wäil u naschaar
FP ist du mehr gut
Geht es dir besser?

Tha mi ceart gu lèor.
ha mi kärscht gu leoor
ist ich richtig U genug
Ich bin in Ordnung.

Fhuair mi snathad.
hua^th mi sna'at
bekam ich Nadel
Ich habe eine Spritze bekommen.

Rauchen

Kettenraucher sollten sich überlegen, ob sie nach Schottland fahren. In fast keinem anderen Land sind Zigaretten teurer als hier. Aus diesem Grund lässt sich auch nicht so schnell eine Zigarette schnorren wie bei uns. Es ist einfach zu teuer.

Das Rauchen in öffentlichen Gebäuden, Flughäfen, Bahnhöfen, Gaststätten und Hotels ist nicht gestattet, und in der Landschaft sollte man wegen der Brandgefahr sehr vorsichtig sein. Es versteht sich von selbst, dass man die Kippen nicht in der Gegend herumschnippt.

Wer es gar nicht lassen kann, fragt vorsichtshalber:

Am faod mi smocadh an-seo?
am füot mi smochkegh an-scho
FP dürfen-werden ich Rauchen hier
Darf ich hier rauchen?

Sollte die Antwort lauten **faodaidh** *füoti* (ja), ist alles in Ordnung. Andernfalls stecken Sie die Packung wieder weg und können Folgendes sagen:

Tha mi duilich, cha robh fhios agam.
ha mi dullich, cha ro iss akam
ist ich bedauerlich nicht° war Wissen bei-ich
Tut mir Leid, das wusste ich nicht.

Schimpfen und Fluchen

Schimpfen und fluchen sollte man in einer fremden Sprache nur sehr bedingt. Aber manchmal gibt es Situationen, in denen es weiterhilft, zu verstehen, was man hört. Es folgen einige allgemeinverträgliche Ausdrücke für brenzlige Situationen. Die richtig kräftigen lernen Sie ohnehin am besten in einer Gaststätte Ihres Vertrauens.

Cac!	*kachk*	Scheiße!
Daingead!	*dainget*	Verdammt!
Murt! *Mord*	*murscht*	Verflucht!
Òinsich! *Blöde*	*oonschich*	Dusselige Kuh!
Amadain!	*amadan*	Idiot!
Dearg amadain! *roter Idiot*	*dschärrak amadan*	Vollidiot!

Thalla a bhallgair!
halla a wallaga[th]
Verschwinde, du Sack!

Mach a-seo!
mach a-scho
Raus hier!

Pòg mo thòn!
poog mo hoon
küss mein° Hintern
Leck mich am Arsch!

Fan sàmhach!
fan ssaawach
bleib leise
Halt die Klappe!

O mo chreach!
o mo chreach
oh mein° Ruin
Um Gottes Willen!

Tha thu gam chur drol.
ha u gam chur droull
ist du bei-mein° Tun unangenehm
Du hängst mir zum Hals raus. / Du langweilst mich.

Tha sgleat a dhìth ort.
Ha sklett a jii orscht
ist Dachziegel von Mangel auf dir
Dir fehlt eine Pfanne (auf dem Dach).
= Du hast sie doch nicht mehr alle.

Ach na Cloiche 5
Achnacloich
Tarscabhaig 6
Tarskavaig
Tòcabhaig 8
Tokavaig
Sabhal Mòr Ostaig
COLAISDE FOGHLAM ARD IRE

Wörterbuch

Die Wörterlisten enthalten jeweils etwa 750 Wörter, die einen soliden Grundwortschatz darstellen. Vokabular, das besser in den einzelnen Kapiteln gefunden werden kann, ist hier nicht immer aufgenommen. Die Lautschrift wird grundsätzlich mit angegeben und ist in den Wörterlisten blau dargestellt.

Nomen (Hauptwörter)

Das grammatische Geschlecht wird bei weiblichen Nomen durch „(w)", bei männlichen durch „(m)" gekennzeichnet. In eckigen Klammern wird der 2. Fall angegeben, wenn er unregelmäßig ist, ist, unregelmäßige Mehrzahlformen stehen auch in eckigen Klammern, jedoch mit dem Hinweis „Mz".

Adjektive (Eigenschaftswörter)

In eckigen Klammern steht die Steigerungsform. Bei Eigenschaftswörtern beginnend mit h müssen diese leniert werden

Verben (Tätigkeitswörter)

In eckigen Klammern steht das Verbalnomen. Das, was ggf. nach den eckigen Klammern folgt, gehört sowohl zum Verb als auch zum Verbalnomen. Die Liste unregelmäßiger Verben befindet sich im gleichnamigen Kapitel (s. Seite 42).

Lenierung

Wörter, die Lenierung auslösen, sind mit ° gekennzeichnet.

Deutsch – Schottisch-Gälisch

A

Abend **feasgar (m)** *fäsker*
Abendessen **sùipear (m)** *suichper*
aber **ach** *ach*
abfahren **falbh [a' falbh]** *fallaw [a fallaw]*
abreisen (abfahren) **falbh [a' falbh]** *fallaw [a fallaw]*
abschleppen **cuir [a' cur] air falbh** *kuth [a kur] äth fallaw*
Adresse **seòladh (m)** *schoolagh*
Akku **bataraidh (m)** *battari*
Alkohol **alcol (m)** *alkol*
allein **le ... (+ pers. Fürwort) fhèin** *lä ... heein*
alles **a h-uile rud** *a hulle rut*
als (zeitl.) **nuair a** *nuath a*
als (Vergleich) **na** *na*
alt (nicht jung) **aosta [aosta]** *üosda [üosda]*
alt (nicht neu) **sean [sine]** *schenn [schine]*
Alte(r) **bodach (m)** *botach*, **cailleach (w)** *kaljach*
Alter (Lebens-) **aois (w)** *üosch*
Andenken **cuimhneachan (m)** *kuineachan*
anfangen **tòisich [a' tòiseachadh]** *tooschich [a tooschachagh]*
Angestellte(r) **clèireach (m)** *kleethach*
Angst **eagal (m)** *ekal*
anhalten **stad [a' stad]** *stat [a stat]*
ankommen **ruig [a' ruigsinn]** *ruk [a rukschin]*
Antwort **freagairt (w)** *fräkarscht*
antworten **freagair [a' freagairt]** *fräkath [a fräkarscht]*
Apotheke **bùth-chungaidhean (w)** *buu-chungi'en*
arbeiten **obraich [ag obair]** *oprich [ak oper]*
Arbeiter(in) **obraiche (m)** *opriche*
arm **bochd [bochda]** *bochk [bochka]*
Arzt **dotair (m)** *dochteth*
auch **cuideachd** *kudschachk*
auf **air** *äth*
auf dem Mobiltelefon **air a' fònlàimhe** *äth a foon laiwe*
auf Papier **air pàipear** *äth päichper*
aufhören **sguir [a' sguir]** *skuth [a skuth]*
aufstehen **èirich [ag èirigh]** *eethich [ak eethi]*
aufwachen **dùisg [a' dùsgadh]** *duuschk [a duusgagh]*
aus **à** *a*
Ausgang **slighe a-mach (w)** *schli'e a-mach*
ausgezeichnet **sgoinneil [sgoinneil]** *skonnjeil [skonnjeil]*
Auskunft **fiosrachadh (m)** *fissrachagh*
Ausland **dùthaich chèin (w)** *duuich cheen*
Ausländer **cèineach (m)** *keenach*
ausländisch **cèin** *keen*
Aussprache **blas (m)** *blass*
aussteigen (z. B. Bus) **fàg [a' fàgail]** *faak [a faakel]*
Ausstellung **taisbeanadh (m)** *taschbjänagh*

Ausweis **cead-siubhail (m)** *kettschual*

ausziehen (etw.) **cuir [a' cur] dheth** *kuth [a kur] jä*

Auto **càr (m)** *kaar*

Autobahn **mòr-rathad (m)** *moorra'at*

Autowerkstatt **garaid (w)** *garitsch*

B

Badeanzug **deise-snàmh (w)** *dscheesche-snaaw*

baden **snàmh [a' snàmh]** *snaaw [a snaaw]*

Badezimmer **rùm-ionnlaid (m)** *ruum-iunlätsch*

Bahnhof **stèisean (m)** *steeschen*

bald **a dh'aithghearr** *a ghaichjar*

Bank (Geld) **banca (m)** *banka*

Bargeld **airgead (m)** *ätheget*

Bart **feusag, feusaige (w)** *fiassak, fiassige*

Batterie **bataraidh (m)** *battari*

bauen **tog [a' togail]** *tok [a tokal]*

Bauer **tuathanach (m)** *tua'anach*

Baum **craobh (w)** *krüow*

beeilen, sich **cuir [a' cur] cabhag air** *kuth [a kur] kafak äth*

beenden **crìochnaich [a' crìochnachadh]** *kriiochnich [a kriiochnachagh]*

begrüßen (jem.) **cuir [a' cur] fàilte air (+ Person)** *kuth [a kur] faaltsche äth*

bei **aig** *äk*

Beispiel **eisimpleir (w)** *äschimpläth*

benachrichtigen **cuir [a' cur] fios air** *kuth [a kur] fiss äth*

Benzin **peatrol (m)** *pätrol*

Berg **beinn (w)** *bäin*

Beruf **dreuchd (m)** *driachk*

berühmt **ainmeil [ainmeil]** *ännemel [ännemel]*

beschweren, sich **gearan [a' gearan]** *gjärran*

besichtigen **tadhail [a' tadhal] air** *tahel [a tahel] äth*

besser **nas fhèarr** *na schjaar*

bestellen **cuir [a' cur] a-steach òrdugh** *kuth [a kur] a-schtscheach oordu*

Bestellung **òrdugh (m)** *oordu*

besuchen **cèilidh [a' cèilidh] air (+ Person)** *keeli [a keeli] äth*

Bett **leabaidh [leapa] (w)** *läpi [läpa]*

Bettzeug **aodach-leapa (m)** *üotach-läpa*

bevor **mus** *muss*

bezahlen **pàigh [a' pàigheadh]** *päi [a pä'agh]*

Bier **leann (m)** *leaun*

Bild **dealbh (m)** *dschällaw*

billig **saor [saoire]** *süor [süothe]*

bis **gu** *gu*

bis (damit, um zu) **gus** *guss*

bisschen **rud beag** *rut bäk*

Blatt (Papier / Baum) **duilleag (w)** *duljak*

bleiben **fuirich [a' fuireach]** *futhich [a futhach]*

Bleistift **peansail (m)** *penssil*

Blume **flùr (m)** *fluur*

Boot **bàta (m)** *baata*

Botschaft (dipl.) **ambasaid (w)** *ambassidsch*

Brand **teine (w)** *tschännje*

Brauch (Tradition) **cleachdadh (m)** *kleachkagh*

brauchen cleachd [a' cleachdadh] *kleachk [a kleachkagh]*

breit leathann *ljähan*

Bremse (Insekt) crealag (w) *krälag*

brennen loisg [a' losgadh] *loschk [a loskagh]*

Brief litir [litreach] (w) *lichtschith [litrach]*

Briefmarke stampa (m) *stampa*

Brille speuclairean (m Mz) *spiachklathan*

bringen (mit-) thoir [a' toirt] le *hooth [a torscht] lä;*

bringen (nach) thoir [a' toirt] gu *hooth [a torscht] gu*

Brot aran (m) *arran*

Brücke drochaid (w) *drochitsch*

Brust (weibl.) cìoch (w) *kiioch;*

Brust (-korb) broilleach (m) *broiljach*

Buch leabhar (m) *ljo'or*

Buchstabe litir (w) *lichtschir*

bunt dathte *dachtsche*

Burg dùn (m) *duun*

Büro oifis (w) *offisch*

Bus bus (m) *bass*

C

Campingplatz àite-campachaidh (m) *aatsche-kampachi*

Chauffeur draibhear (m) *draiwer*

Chef ceannard (m) *keannarscht*

Computer-Spezialist eòlaiche-coimpiutair (m) *jeoliche-compijuteth*

Coronavirus coròna-bhìoras (m) *korona-viiress*

D

da an-sin *an-schinn*

Dach mullach (m) *mullach*

Dachziegel (Schieferplatte) sgleat (m) *sklett*

damit (um zu) gus *guss*

danach an uair sin, an dèidh sin *an uath schin, an dschäi schin*

danke tapadh leat, leibh *tachpa lät, läiw*

danken thoir [a' toirt] taing do° (+ Person) *hooth [a torscht] taing do*

dann an uair sin, an dèidh sin *an uath schinn, an dschäi schinn*

darum mar sin *mar schinn*

dass gu / gum / gun (+ abhängige Verbform) *gu / gum / gun*

Datum ceann-latha (m) *keaun-la'a*

dauern mair [a' maireann] *math [a mathenn]*

denken smaoinich [a' smaoineachadh] *smüonich [a smüoneachagh]*

Denkmal clach-cuimhne (w) *klach-kuine*

denn oir *ooth*

deshalb mar sin *mar schinn*

deutsch;

Deutsche(r) Gearmailteach (m) *Gerremaltschach*

Deutschland A' Ghearmailt (w) *A Jeeremaltsch*

Dialekt dual-chainnt (w) *dual-chaintsch*

dick tiugh *tschiu*

Diebstahl mèirle (w) *mjeerle*

dies sin *schin*

diese (-r, -s) **am fear seo, an tè seo** *am fär scho, an tschee scho*
digital **digiteach, digitiche** *digitschach, digitschiche*
Digitalkamera **camara digiteach (m)** *kamara digitschach*
Ding **rud (m)** *rut*
Dokument(e) **pàipear [-an] (m)** *paaichper [-an]*
Dorf **baile (m)** *balle*
dort(hin) **an-sin** *an-schinn*
Drücken (Tür) **put, [a'putadh]** *pucht [a puchtagh]*
dumm **gòrach [gòraiche]** *goorach [gooriche]*
dunkel **dorch** *dorroch*
dünn **tana** *tanna*
durch (hindurch) **tro°** *troo*
Durchfall **a' bhuineach (w)** *a wuineach*
dürfen **faod** *füot*
Durst **pathadh (m)** *pa'agh;*
Durst haben **tha am pathadh air (+ Person)** *ha am pa'agh äth*

E

E-Bike **rothair-dealain (m)** *roheth-dschälain*
Ei **ugh (m) [Mz: uighean]** *u [ui'en]*
einander **ri chèile** *ri cheele*
einfach **furasta [fhasa]** *furasta [assa]*
Eingang **slighe a-steach** *schli'e a-schtscheach*
einige **feadhainn, cuid** *fjoo'in, kutsch*
einladen **thoir [a' toirt] seachad cuireadh** *hooth [a torscht] seachat kuthagh*
Einladung **cuireadh (m)** *kuthagh*
einmal **aon turas** *üon turras*
einsteigen (in den Bus) **rach [a' dol] (air bus)** *rach [a doll] (äth bass)*
eintreten **thig [a' tighinn] a-steach** *hik [a tschihin] a-schtscheach*
einverstanden **aontaich [ag aontachadh]** *üontich [ak üontachagh]*
Einwohner **còmhnaiche (m)** *kooniche*
Eis (Speise-) **reòiteag (w)** *rjootschak*
Eisenbahn (Zug) **rathad-iarrainn (m), trèana (m)** *ra'at-iaran, trään*
Eltern **pàrantan** *paarantan*
Empfang **siognal (m)** *siknal*
empfehlen **mol [a' moladh]** *moll [a mollagh]*
Ende **crìoch [crìche] (w)** *kriioch [kriiche]*
eng **caol [caoile]** *küol [küole]*
englisch; Engländer(in) **Sasannach** *Ssassanach*
entscheiden **cò-dhùnadh [a' cò-dhùnadh]** *ko-ghuunagh [a ko-ghuunagh]*
Erde **talamh [talmhainn] (w)** *talaw [talawin]*
Ereignis **tachartas (m)** *tachartas*
Erfolg **soirbheachas (m)** *ssorrewachas*
erhalten **faigh [a' faighinn]** *fai [a fai'in]*
erholen, sich **gabh [a' gabhail] fois** *gaw [a ga'al] fosch*
erinnern, sich **cuimhnich [a' cuimhneachadh]**

kuinich [a kuineachagh]
erkältet sein tha an cnatan air (+ Person) *ha an krachtan äth*
erklären mìnich [a' mìneachadh] *minich [a mineachagh]*
erlauben thoir [a' toirt] cead do° *hooth [a torscht] kät do*
Erlaubnis cead (m) *kät*
erzählen innis [ag innse] do° (+ Person) *i'isch [ak iinsche] do*
essen ith [ag ithe] *ich [ak iche]*
Essen biadh (m) *biagh;*
Essen zum Mitnehmen biadh air bois *biagh äth bosch*
Etage urlar (m) *urlar*
etwa gu bhith *gu wi*
etwas rud-eigin *rut-egin*
Euro èoro (m) *e-ooro*

F

Fabrik factoraidh (w) *fachktori*
Fähre bàta-aiseag (m) *baat-aschäk*
fahren draibh [a' draibheadh] *draiw [a draiwagh]*
Fahrkarte ticead (m) *tichket*
Fahrpreis prìs (w) *priisch*
Fahrrad rothair (m) *roheth*
falsch ceàrr *keaar*
Familie teaghlach (m) *tschealach*
Familienname sloinneadh (m) *slonjagh*
Farbe dath (m) *da*
faul (träge) leisg [leisge] *läschk [läschke]*
faul (Obst) grod *grot*
Fehler mearachd (w) *märrachk*
Feier cèilidh (w) *keeli*
Feld (Acker) achadh (m) *achagh*
Fenster uinneag, uinneige (w) *üinjak, üinjege*
Ferien saor-làithean (m Mz) *süor-lai'en*
fern fad às *fat ass*
Fernsehgerät inneal-telebhisein (m) *inneal telewischen*
fertig deiseil *dscheschel*
Fest fèis (w) *feesch*
feucht fliuch [fliche] *fliuch [fliche]*
Feuer teine (w) *tschännje*
Fieber fiabhras (m) *fiawras*
Film fiolm (m) *fillem*
finden faigh [a' faighinn] *fai [a fai'in]*
finden lorg [a' lorg] *lorrek [a lorrek]*
Fisch iasg [èisg] (m) *iask [eeschk]*
Flasche botal (m) *bochtal*
Flasche Whisky botal uisge-bheatha (m) *bochtal üschke-wäha*
Fleisch feòil [feòla] (w) *fjeool [fjeoola]*
fleißig trang [trainge] *trang [trainge]*
fliegen itealaich [ag itealaich] *itschalich [ak itschalich]*
Flughafen port-adhair (m) *porscht-aheth*
Flugticket ticead plèana (m) *tichket pleena*
Flugzeug itealan (m), plèana (m) *ichtschalan, pleena*
Fluss abhainn [aibhne] (w) *au'in [ainje]*
Formular bileag (w) *biljak*
Fotoapparat camara (m) *kamara*
fotografieren tog [a' togail dealbh] *tok [a tokal dschällaw]*
Frage ceist (w) *käscht*
fragen (erfragen von jem.)

faighnich [a' faighneachd] de (+ Person) *fainich [a fainjeachk] dschä*

Frau boireannach (m) *bothennach*

frei saor [saoire] *ssüor [ssüothe]*

fremd gallta *gaullta*

freuen, sich toilichte *tollichtsche*

Freund (allg.) caraid (m) *karitsch*

Freundin (allg.) ban-charaid (w) *bana-charitsch*

Freund(in) (intim) bràmair (m) *braameth*

freundlich (zu jem.) càirdeal (ri + Person) [càirdeile] *kaardschel (ri) [kaardschele]*

Freundschaft càirdeas (m) *kaarschdschess*

Frieden sìth (w) *schii*

frisch (Obst) ùr [ùire] *uur [uuthe]*

fröhlich sona [sona] *ssona [ssona]*

Frucht meas (m) *mäss*

früh tràth [tràithe] *traa [traaie]*

Frühstück bracaist (w) *brachkischt*

frühstücken gabh [a' gabhail] bracaist *gaw [a ga'al] brachkischt*

fühlen, sich fairich [a' faireachdainn] *fathich [a fatheachkin]*

für airson *ärsson*

fürchten, sich (vor) tha eagal air (+ Person) *ha äkal äth*

G

Gabel forc (w) *forrek*

ganz (nicht kaputt) slàn *slaan*

Garten gàrradh (m) *gaarragh*

Gas gas (m) *gass*

Gast aoigh (m) *üoi*

Gastfreundschaft aoigheachd (w) *üoiachk*

Gastgeber/-in fear / bean an taighe (m/w) *fär / bän an tähe*

Gaststätte taigh-òsta (m) *tai-oosta*

gebären beir, beirsinn *bäth, bäthschinn*

Gebäude togalach (m) *tokalach*

geben thoir [a' toirt] do° *hooth [a torscht] do*

Gebühr cìs (w) *kiisch*

Geburtstag cò-latha breith (m) *koo-la'a bree*

gefährlich cunnartach [cunnartaich] *kunnarschtach [kunnarschtich]*

gefallen còrd [a' còrdadh] ri *koorschd [a koorschdagh] ri*

Gefängnis prìosan (m) *priissan*

Gefäß poit (w) *poichtsch*

gegen an aghaidh (+ 2. Fall) *an agh'i*

Gegend sgìre (w) *skiithe*

gegenüber air beulaibh (+ 2. Fall) *äth bialew*

Geheimzahl facal-faire (m) *fachkal-fathe*

gehen coisich [a' coiseachd] *kooschich [a koschachk]*

Geld airgead (m) *ätheget*

Gemüse glasraich (w) *glassrich*

gemütlich comhfhurtail *koo'urschtal*

genau mionaideach [mionaidich] *minnatschach [minnatschich]*

genug gu leòr *gu ljeoor*

geradeaus dìreach *dschiithach*

Geschäft (Laden) bùth [bùtha] (w) *buu [buu'a]*

Geschäft (Tätigkeit) gnothach (m)

gro'ach

Geschenk tìodhlac (w) *tschiioghlagh*

Geschichte (Erzählung) sgeul [sgeòil] (w) *skial [skeool]*

Geschichte (Historie) eachdraidh (w) *eachdri*

Gesetz lagh (m) *lagh*

Gespräch còmhradh (m) *kooragh*

gestern an-dè *an-dschee*

gesund fallainn [fallainn] *fallain [fallain]*

Gesundheit slàinte (w) *slaantsche*

Getränk deoch (m) *dschjoch*

Gewitter tàirneanaich is dealanaich (m), doinnean (w) *taarneanich is dschälanich, donnean*

Gewürz spiosradh (m) *spiisrach*

Girocard cairt-fhiachan (w) *kaarscht-iachan*

Glas (Material) gloine (w) *glonje;*

Glas (Trink-) glaine (w) *glanje*

glauben creid [a' creidsinn] *krädsch [a krädschin]*

Glück fortan (m) *foorschtan*

glücklich toilichte [toilichte] *tollichtsche [tollichtsche]*

Gold òr [òir] (m) *oor [ooth]*

Gott Dia (m) *Dschia*

Grammatik gràmar (m) *graamar*

Gras feur [feoir] (m) *fiar [feooth]*

Grenze crìoch [crìche] (w) *kriioch [kriiche]*

groß mòr [motha] *moor [mo'a]*

Großmutter seanmhair (w) *schännewer*

Großvater seanair (m) *schänneth*

Größe (Kleidung u. ä.) meud (m) *meet*

Gruppe buidhean [buidhne] (w) *bui'en [buine]*

grüßen (jem.) cuir [a' cur] fàilte air (+ Person) *kuth [a kur] faaltsche äth*

gut [besser] math [fhèarr] *ma [faar]*

H

Hafen port (m) *porscht*

Hälfte leth (m) *ljä*

halten cùm [a'cumail] *kuum [a kumal]*

Haltestelle àite-stad (m) *aatsche-stat*

Hand làmh [làimhe] (w) *laamw [laaiwe]*

Handel malairt (w) *malarscht*

Handtuch tubhailt (w) *tuwaltsch*

hart cruaidh [cruaidhe] *kruai [krua'ie]*

Haus taigh (m) *tai*

Hausfrau bean-taighe (w) *bän-tähe*

heben tog [a' togail] *tok [a tokal]*

Heftpflaster plàst [plàsta] (m) *plaast [plaasta]*

heiß teth [teotha] *tschä [tscho'a]*

helfen cuidich [a' cuideachadh] *kudschich [a kudschachagh]*

herzlich cridheil [cridheile] *kri'el [kri'ele]*

heute an-diugh *an-dschiu*

hier an-seo *an-scho*

Hilfe cuideachadh (m) *kudschachagh*

Himbeeren sùbhagan-craoibhe (w Mz) *ssuuwakan krüiwe*

hinter air cùlaibh (+ 2. Fall) *äth kuulew*

hoch **àrd [àirde]** *aarschd [aarschdsche]*
hochladen **lodaich, lodachadh suas** *lodachagh ssuass*
Hochzeit **banais [bainnse] (w)** *bannisch [bainsche]*
hoffen **tha mi an dòchas gu (+ abhängige Verbform)** *ha mi an doochass gu*
höflich **modhail [modhaile]** *moghel [moghel]*
hören **cluinn [a' cluinntinn]** *kluin [a kluintschin]*
Hotel **taigh-òsta (m)** *tai-oosta*
Hunger **acras (m)** *achkras*

I

immer **daonnan** *düonan*
Impfpass **teisteanas-banachdaich (m)** *tscheschtschanas-banachkich*
Impfung **banachdach (w)** *banachkach*
in (örtlich) **ann an** *aun an;*
in (zeitlich) **ann am** *aun am*
Information **fiosrachadh (m)** *fissrachagh*
Insel **eilean (m)** *ällan*
interessant **inntinneach [inntinnich]** *iintschiinach [iintschiinich]*
interessieren, sich (für) **(„ist Interesse bei Person auf Sache") tha ùidh aig (Person) air (Sache)** *ha uui äk ... äth ...*
international **eadar-nàiseanta** *ätter-naaschenta*

J

Jahr **bliadhna (w)** *bliana*
Jahreszeit **aimsir (w)** *amescheth*
jährlich **bliadhnail** *blianal*
jeder **gach aon** *gach üon*
jedesmal **gach turas** *gach turras*
jemand **cuideigin** *kudschegin*
jetzt **a-nis** *a-nisch*
Journalist **neach-naidheachd (m)** *njeach-naiachk*
jung **òg [òige]** *oog [ooige]*
Junge **balach (m)** *ballach*

K

kalt **fuar [fhuaire]** *fuar [uathe]*
Kappe **bonaid (w)** *bonaitsch*
kaputt **briste** *brischtsche*
Karte **cairt (w)** *karscht*
kaufen **ceannaich [a'ceannachd]** *keannich [a keannachk]*
kennen **aithnich [ag aithneachadh]** *änjich [ak änjachagh]*
Kerze **coinneal (m)** *konnjal*
Kind **clann [cloinne] (w Mz)** *klaun [kloinnje]*
Kino **taigh-dhealbh (m)** *tai-jällaw*
Kirche **eaglais (w)** *äklisch*
Kleidung **aodach (m)** *üotach*
klein **beag [lugha]** *bäk [lugha]*
klug **glic [glice]** *glichk [glichke]*
Kneipe **taigh-seinnse (m)** *tai-schäinnsche*
kochen (etw.) **bruich [a' bruich]** *bruich [a bruich]*
Koffer **màlaid (w)** *maalidsch*

kommen thig [a' tighinn] *hik [a tschi'in]*
kompliziert doirbh [doirbhe] *dothew [dothewe]*
Kondom casgan (m) *kaskan*
können 's urrainn do° (+ Person) *ssurrinn do*
Konzert cuirm-ciùil (m) *kurrem-kjuul*
kosten (Preis) cosg [a' cosgadh] *kosk [a koskagh]*
kosten (probieren) feuch [a' feuchainn] *fiach [a fiachin]*
kostenlos an-asgaidh *an-aski*
krank tinn [tinne] *tschiin [tschinje]*
Krankenhaus ospadal (m) *ospatal*
Krankheit tinneas (m) *tschinneas*
kühl fuar [fhuaire] *fuar [uathe]*
Kühlschrank fuaradair (m) *fuaradeth*
Kunst ealan (w) *e'alan*
kurz goirid [giorra] *gothitsch [girra]*
küssen thoir pòg do° *hooth pook do*

L

Ladegerät teàirrdsear (m) *tschardscher*
Lampe lampa (m/w) *lampa*
Land dùthaich [dùthcha] (w) *duu'ich [duu'cha]*
Landkarte mapa (m), dealbh-dùthcha (m) *machpe, dschällaw-duucha*
lang (Entfernung) fada [faide] *fata [fadsche]*
lange (Zeit) fada [faide] *fata [fadsche]*
langsam slaodach [slaodaiche] *slüotach [slüotiche]*
laufen ruith [a' ruith] *rui [a rui]*
laut àrd [àirde] *aarschd [aarschdsche]*
Leben beatha (m) *bäha*
leer falamh [falaimhe] *falaw [falaiw]*
legen (sich) laigh [a' laighe] *lai [a laie];*
(stellen, setzen) cuir [a' cur] *kuth [a kur]*
Lehrer(in) tidsear (m) *tidscher*
leicht (nicht schwer) aotrom [aotroime] *üotrom [üotrome]*
lernen ionnsaich [ag ionnsachadh] *iunsich [ak iunsachagh]*
lesen leugh [a' leughadh] *ljee [a ljeewagh]*
Leute daoine (m Mz), muinntir (w) *düonje, munntschith*
Licht solas (m) *ssollass*
Lied òran (m) *ooran*
liegen laigh [a' laighe] *lai [a laie]*
links clì *klii*
Loch toll (m) *taull*
Löffel spàin (w) *spaan*
Lohn (Gehalt) turasdal (m) *turastal*
lügen innis [ag innse] breug *i'isch [ak iinsche] briak*
lustig èibhinn [èibhinne] *eewin [eewinje]*

M

machen dèan [a' dèanamh] *dschian [a dschiianaw]*
Mädchen nighean (w) *ni'en*

malen **peant [a' peantadh]** *pänt [a päntagh]*
manchmal **uaireannan** *uuthanan*
Mann **duine (m)** *dünje*
Markt **margadh (m)** *maragagh*
Marktplatz **ceàrnag-mhargaidh (w)** *kjernak mharragi*
Medikament **leigheas-chungaidhean (m)** *lei'as-chungi'en*
Meer **muir [mara] (w)** *muuth [marra]*
mehr **tuilleadh** *tuiljagh*
Mensch **duine (m)** *dünje*
merken, sich **cuimhnich [a' cuimhneachadh] air°** *kuinich [a kuineachagh] äth*
Messer **sgian [sgèine] (m)** *skian [skene]*
Minute **mionaid (w)** *minnatsch*
mit **le** *lä*
Mittagessen **dìnnear [dìnnearach] (w)** *dschiinear [dschiinearach]*
Mittag **meadhan-latha (m)** *mi'an-la'a*
Mode **fasan (m)** *fassan*
möglich **comasach [comasaiche]** *kommassach [kommassiche]*
Monat **mìos [mìosa] (w)** *miioss [miiossa]*
Mord/Verflucht! **murt (m)** *murscht*
morgen **a-màireach** *a-maathach*
Morgen **madainn [maidne] (w)** *mattin [matnje]*
Motor **motar (m)** *motar*
müde **sgìth [sgìthe]** *skii [skii'e]*
Müll **sgudal (m)** *skudal*
Museum **taigh-tasgaidh (m)** *tai-taski*
Musik **ceòl [ciùil] (m)** *keool [kiuul]*
müssen **feumaidh** *feemi*
Mutter **màthair (w)** *maaheth*
Mütze **bonaid (w)** *bonaitsch*

N

nach (Richtung) **gu, a°, do°** *gu, a, do*
nach (zeitlich) **an-dèidh** *an-dschäi*
Nachmittag **feasgar (m)** *fäsker*
Nachricht **naidheachd (w)** *nai'achk*
nächstes Mal **an ath-thuras** *an a-hurrass*
Nacht **oidhche (w)** *oiche*
nackt **lom** *loum*
Nadel **snathad (w)** *sna'at*
nah **faisg [faisge]** *faschk [faschke]*
Name **ainm (m)** *änem*
nass **fliuch [fliche]** *fliuch [fliche]*
Natur **nàdar (m)** *naater*
natürlich (nicht künstl.) **nàdarrach [nàdarraiche]** *naaterrach [naaterriche]*
neben **ri taobh (+ 2. Fall)** *ri tüow*
nehmen **gabh [a' gabhail]** *gaw [a ga'al]*
neu **ùr [ùire]** *uur [uuthe]*
nicht **cha°, chan° (vor Selbstlaut)** *cha, chan*
nichts **dad, sìon, càil** *dat, schian, kal*
niemals (Vergangenheit) **riamh** *riaw*
niemals (Zukunft) **gu bràth** *gu braach*
noch **fhathast** *ha'ast*
noch einmal **a-rithist** *a-ri'ischt*
Norden **tuath (m)** *tua*
normal **cumanta** *kumanta*
Nummer **àireamh (w)** *aathew*

O

oben shuas *huass*
Obst measan (m) *mässan*
oder neo, no *njo*
öffnen fosgail [a' fosgladh] *foskal [a fosglagh]*
oft tric [trice] *trichk [trichke]*
ohne gun° *gun*
Öl ola (m) *ola*
Onkel uncail (m) *unkel*
organisieren cuir [a' cur] air dòigh *kuth [a kur] äth dooi*
Ort àite (m) *aatsche*
Osten Ear (m) *Äar*
Österreich An Ostair (w) *An Osteth*
Österreicher(in) Ostaireach (m) *Ostathach*

P

Päckchen, Paket pacaid (w), parsail (m) *pachkidsch, parssal*
Palast lùchairt (w) *luucharscht*
Papier pàipear (m) *paaichper;*
auf Papier air pàipear *äth päichper*
Park pàirc (w) *park*
Pass (Reise-) cead-siubhail (m) *kett-schual*
Passwort facal-faire (m) *fachkal-fathe*
Patient euslainteach (m) *iaslaantschach*
Pause fois *fosch*
Person neach *neach*
Pflanze lus (m) *luss*
Plan plana (m) *plana*
Platz ionad (m) *inat*
plötzlich gu h-obann *gu hopan*
Politik poileataigs (w) *polatigs*
Polizei poileas (m) *polles*
Postamt oifis a' phuist (w) *offisch a fuscht*
Postkarte cairt-phuist (w) *karscht-fuscht*
Preis prìs (w) *priisch*
privat prìobhaideach *priwadschach*
Problem trioblaid (w) *triblitsch*
Programm prògram (m) *proogram*
Prospekt bileag (w) *biljak*
pünktlich ris an uair *risch an uath*

R

Radiogerät rèidio (m) *reedio*
Rat comhairle (w) *koohäthle*
rauchen smoc [a' smocadh] *smok [a smochkegh]*
Raum rùm (m) *ruum*
rechnen cùnnt [a'cunntadh] *kuunt [a kunntagh]*
Rechnung fàirdeal (m) *faarschdschel, bìle (w) biile*
Recht reachd (m) *reachk*
rechts deas *dschäss*
reden labhairt [a' labhairt] *lawarscht [a lawarscht]*
Regen uisge (m) *üschke*
registrieren clàraich [a' clàradh] *klaarisch [a klaarach]*
reich beartach [beartaiche] *bärschtach [bärschtschiche]*
reif abaich [abaich] *apich [apich]*
Reise turas (m) *turass*
reisen siubhail [a' siubhal] *schual [a schual]*

reparieren **caraich [a' caradh]** *karich [a karagh]*
Restaurant **àite-bidh (m)** *aatsche-bii*
Rettungswagen **carbad-eiridinn (m)** *karrabat-e^th^idschin*
richtig **ceart** *kjärscht*
roh **amh [aimhe]** *aw [awe]*
rückständig **seann-fhàsanta** *schaun-assanta*
rufen (schreien) **èigh [ag èigheachd]** *eei [ak ee'achd]*
Ruhe **tàmh (m)** *taaw*

S

Sache **rud (m)** *rut*
sagen **abair [ag ràdh]** *ape^th^ [ak raa]*
Salz **salann (m)** *ssallan*
sammeln **cruinnich [a' cruinneachadh]** *kruinnich [a kruineachagh]*
Sand **gainmheach (w)** *gänewach*
Sandfloh **leumnach (m)** *lemnach*
satt **làn [làine]** *laan [laan]*
Satz (Sprache) **rosgrann (m)** *roskraun*
sauber **glan [glaine]** *glan [glanje]*
sauber machen **glan [a' glanadh]** *glan [a glanagh]*
sauer **geur [gèire]** *giar [gee^th^e]*
Schal **sgarfa (m)** *skarfa*
Schallplatte **clàr (m)** *klaar*
scharf **spìosrach [spìosraiche]** *spiisrach [spiisriche]*
Scheck **seic (w)** *schechk*
Schere **siosar (m)** *schisser*
schicken **cuir [a' cur] gu** *ku^th^ [a kur] gu*
schießen **loisg [a' losgadh]** *loschk [a loskagh]*
„Schietwetter" **droch-shìde (w)** *droch-hiidsche*
Schiff (Kriegs-) **long [luinge] (w)** *long [luinge]*
Schiff (allg.) **bàta [bàtaichean]** *baata [baatichen]*
schlafen **caidil [a' cadschil]** *katal [a katal]*
Schlafzimmer **rùm- cadail (m)** *ruum-katal*
schlagen **buail [a' bualadh]** *bual [a bulagh]*
schlecht **dona [miosa]** *donna [missa]*
Schloss (Gebäude) **lùchairt (w)** *luucharscht*
Schlüssel **iuchair [iuchrach] (w)** *iuchar [iuchrach]*
schmackhaft **blasta [blasta]** *blasta [blasta]*
Schmerz **pian (m)** *pian*
schmutzig **salach [salaiche]** *ssalach [ssaliche]*
Schnaps (Whisky) **uisge-beatha (m)** *üschke-bäha*
schnell **luath [luaithe]** *lua [luaie]*
Schnellstraße **mòr-rathad (m)** *moor-ra'at*
schon **fhathast, mu thràth** *ha'ast, mu raa*
schön **brèagha** *bri'a*
schreiben **sgrìobh [a' sgrìobhadh]** *skriiw [a skriiwagh]*
Schuh **bròg (w)** *brook*
schuldig **ciontach** *kiuntach*
Schule **sgoil (w)** *skol*

Schüler(in) **sgoilear (m)** *skoller*
schwanger **leatromach** *lätroumach*
Schweiz **An Eilbhis** *An Ällewisch*
Schweizer(in) **Eilbhiseach (m)** *Ällewischach*
schwer (nicht leicht) **trom [truime]** *troum [truime]*
schwierig **doirbh [doirbhe]** *dothew [dothewe]*
schwimmen **snàmh [a' snàmh]** *snaaw [a snaaw]*
schwitzen **cuir [a' cur] fallas** *kuth [a kur] fallas*
Scooter **sgùtair (m)** *skuuteth*
See **loch [locha] (m)** *loch [locha]*
sehen **faic [a' faicinn]** *fächk [a fächkin]*
Seide **sìoda (m)** *ssiida*
Seife **sìobann (m)** *schiopan*
Seil **ròpa (m)** *roochpa*
sein (Verb) **bi, is** *bi, is*
seit **bho°** *wo*
Seite (Richtung) **taobh (m)** *tüow*
selbst **fhèin** *heein*
setzen, sich **dèan [a dèanamh] suidhe** *dschiian [a dschiianaw] ssui'e*
sicher **sàbhailte** *ssaawiltsche*
sichern (speichern) **sàbhail [a' sàbhaladh]** *ssaawal [a ssaawalagh]*
Sie (höfl. Anrede) **sibh** *schiiw*
Silber **airgead** *ätheget*
singen **seinn [a' seinn]** *schäinn [a schäinn]*
sitzen **suidhe [a' suidhe]** *ssuije [a ssuije]*
SMS („Text") **teagsa (m)** *täksa*
so … wie … **cho … ri …** *cho … ri …*
sofort **gun dàil** *gun daal*

Sohn **mac (m) [mic Gen. + Mz]** *machk [michk]*
Sonne **grian [grèine] (w)** *grian [greenje]*
sparen **sàbhail [a' sàbhaladh]** *ssaawal [a ssaawalagh]*
spät **anmoch [anmoich]** *ananmoch [anamich]*
Speise **biadh (m) [bìdh Gen.]** *biagh [bii]*
Speisekarte **clàr-bìdh (m)** *klaar-bii*
spielen **cluich [a' cluich]** *kluich [a kluich]*
Spielzeug **dèideagan (m)** *dscheedschakan*
Sport **spòrs (m)** *spoors*
Sprache **cànan (m)** *kaanan*
sprechen (mit jem.) **bruidhinn [a' bruidhinn] ri** *bri'in [a bri'in] ri*
Spritze **snathad (w)** *sna'at*
Stadt **baile (m)** *balle*
stark **làidir [treasa]** *laadschith [trässa]*
stehen **seas [a' seasamh]** *schäss [a schässamw]*
Stein **clach [cloiche] (w)** *klach [kloiche]*
Stelle (Ort) **àite (m)** *aatsche*
stellen (setzen, legen) **cuir [a' cur]** *kuth [a kur]*
sterben **bàsaich [a' bàsachadh]** *baasich [a baasachagh]*
Stimme **guth (m)** *gu*
Stoff **clò (m)** *kloo*
Strand **tràigh [traghad] (w)** *traai [tra'at]*
Straße **rathad (m)** *ra'at*
Streichhölzer **lasaran (m)** *lassaren*
streiten **troid [a' trod]** *trotsch [a trot]*

Stück **pìos (m)** *piis*
Student **oileanach (m)** *ollanach*
Stunde **uair a thìde (w)** *uath a hiidsche*
suchen **lorg [a' lorg]** *lorrek [a lorrek]*
Süden **deas (m)** *dschäss*
Summe **suim (w)** *ssuim*
Suppe **brot (m)** *brocht*
süß **milis [milse]** *millisch [milsche]*

T

Tabak **tombaca (m)** *tombachka*
Tablette **pile (m)** *pille*
Tag **latha (m)** *la'a*
täglich **làitheal** *laa'iel*
Tal **gleann [glinn] (m + Mz)** *gleaun [glinn]*
Tankstelle **stèisean- peatroil (m)** *steeschen pätrol*
Tante **antaidh (w)** *aunti*
tanzen (mit) **danns [a' dannsadh] (còmhla ri + Person)** *dauns [a daunssagh] (koola ri)*
Tasche **baga (m)** *baka*
Taxi **tacsaidh (m)** *tachksi*
Telefon **fòn (m)** *foon*
telefonieren **fòn [a' fònadh]** *foon [a foonagh]*
Test **deuchainn (w)** *dschiachinn*
teuer **daor [daoire]** *düor [düothe]*
Theater **taigh-chluich (m)** *tai-chluich*
tief **domhainn [doimhne]** *dooin [doinje]*
Tier **beathach (m)** *beohach*
Tochter **nighean (w)** *nihen*
Tod **bàs (m)** *baas*
Toilette **taigh-beag (m)** *tai-bäk*
Toilettenpapier **pàipear-tòin (m)** *paaichper-ton*
tot **marbh** *marraw*
töten **marbh [a' marbhadh]** *marraw [a marrawagh]*
Tradition **tradaisean (m)** *tradischen*
tragen **giùlain [a' giùlan]** *gjuulan [a gjuulan]*
transgender **tar-ghnèitheach** *tar gre'ach*
traurig **brònach [brònaiche]** *broonach [brooniche]*
treffen (begegnen) **coinnich [a' coinneachadh] ri (+ Person)** *konnich [a konneachagh] ri*
Treibhauseffekt **buaidh an taigh-ghlainne (w)** *buai an tai ghlanje*
Treppe **staidhre [staidhreach] (w)** *staithe [stairach]*
trinken **òl [ag òl]** *ool [ak ool]*
trocken **tioram [tiorma]** *tschiram [tschirrema]*
tschüss **tìoraidh** *tschiiori*
tun **dèan [a' dèanamh]** *dschiian [a dschiianaw]*
Tür **doras (m)** *dorras*
Turm **tùr (m)** *tuur*

U

übermorgen **an-earar** *an-ärer*
übersetzen (Sprache) **eadar-theangaich [ag eadar-theangachadh]** *ätter-hängich [ak ätter-hängachagh]*
Uhr **uaireadair (m)** *uathadeth*
um **airson** *ärsson*
um zu **airson** *ärsson*

umtauschen **iomlaid [ag iomlaid]** *imlitsch [ak imlitsch]*
und **agus, is, 's** *ages, is, s*
Unfall **tubaist (w)** *tupascht*
Universität **oilthigh (m)** *ollhai*
unschuldig **neo-chiontach** *njo-chiuntach*
unten **shìos** *hiioss*
unter **fo°** *fo*
Unterhaltung **còmhradh (m)** *kooragh*
unterrichten (lehren) **teagaisg [a' teagasg]** *tschäkischg [a tschäkasg]*
unterschreiben **fo-sgrìobh [a' fo-sgrìobhadh]** *fo-skriiw [a fo-skriiwagh]*
Urlaub **saor-làithean (m Mz)** *ssüor-lai'en*

V

Vater **athair (m) [athar]** *ahe*th
verboten **toirmisgte** *to*th*emischktsche*
vergessen **dìochuimhnich [a' dìochuimhneachadh]** *dschiio-chuinich [a dschiiochuineachagh]*
verkaufen **reic [a' reic]** *reechk [a reechk]*
verlieben, sich **tuit [a' tuiteam] ann an gaol** *tuichtsch [a tuichtschem] aun an güol*
verlieren (Dinge) **caill [a' call]** *kall [a kaull]*
Versicherung **àrachas (m)** *aarachas*
verspätet **fadalach [fadalaiche]** *fatalach [fataliche]*
verstehen **tuig [a' tuigsinn]** *tuk [a tugschinn]*
versuchen **feuch [a' feuchainn] ri** *fiach [a fiachin] ri*
viel **tòrr (+ 2. Fall)** *toor*
vielleicht **'s dòcha** *sdoocha*
Vogel **eun (m) [eòin Gen. & Mz]** *ian [e'ooin]*
Volk **sluagh (m)** *sluagh*
voll **làn** *laan*
von (Teil von etwas) **de** *dschä*
vor **ro°** *ro*
vorher **roimhe** *reue*
Vormittag **madainn [maidne] (w)** *mattin [matnje]*
Vorname **ainm baistidh (m)** *änam baschtschi*
Vorwahlnummer **còd ionadail (m)** *kot inadal*

W

Wagen **càr (m)** *kaar*
wahr **fìor** *fiir*
während **fhad 's a** *at ssa*
Wald **coille (w)** *koilje*
Wand **balla (m)** *balla*
wandern **coisich [a' coiseachd]** *kooschich [a koschachk]*
wann? **cuin?** *kuin*
warm **blàth [blaithe]** *blaa [blaie]*
warten **fan [a' fantainn]** *fann [a fanntin]*
warum? **carson?** *karsson*
was? **dè?** *dschee*
waschen **nigh [a' nighe]** *ni'e [a ni'e]*
waschen, sich **nigh [a' nighe] fhèin** *ni'e [a ni'e] heein*
Wasser **uisge (m)** *üschke*

wecken **dùisg [a' dùsgadh]** *duuschk [a duusgagh]*
Weg **slighe (w)** *schli'e*
weiblich **boireann** *bothan*
weil **oir** *ooth*
weinen **glaodh [a' glaodh]** *glüogh [a glüogh]*
welcher, welche, welches (Relativpronomen) **a** *a*
wenn (als) **nuair a** *nuath a;*
wenn (falls) **ma** *ma*
wer? **cò?** *ko*
werden **fàs [a' fàs]** *faas [a faas]*
Westen **Iar (m)** *an iar*
Wetter **sìde [sìde] (w)** *schiidsche [schiidsche]*
Whisky **uisge-beatha (m)** *üschke-bäha*
Whisky-Verkostung **blasad uisge-bheatha** *blasat üschke-wäha*
wichtig **cudromach** *kutromach*
wie? **ciamar?** *Kjimmer*
wie viel? **cia mheud? (+ Ez)** *ki wiat*
wieder **a-rithist** *a-ri'ischt*
Wind **gaoth [gaoithe] (w)** *güo [na güoi'e]*
wissen **tha fios aig (+ Person)** *ha fiss äk*
wo? **càite? (+ abhängige Verbform)** *kaatsch*
Woche **seachdain [seachdaine] (w)** *scheachkin [seachkinje]*
woher? **cò às?** *ko ass*
wohin? **càite? (+ abhängige Verbform)** *kaatsch*
wohnen **fuirich [a' fuireach]** *futhich [a futhach]*
Wohnmobil **taigh-motair (m)** *tai-motath*
Wohnung **flat (m)** *flacht*
Wohnwagen **carabhan (m)** *karavan*
wollen **iarr [ag iarraidh]** *iarr [ak iarri]*
Wort **facal (m)** *fachkal*
Wörterbuch **faclair (m)** *fachkleth*

Z

zahlen **pàigh [a' pàigheadh]** *päi [a pä'agh]*
Zahnarzt **fiaclair** *fiachkleth*
zeigen **seall [a'sealltainn]** *schaull [a schaultin]*
Zecke **gartan (m)** *gartan*
Zeit (allgem.) **àm (m)** *aum;*
(Uhrzeit) **uair (w)** *uath;*
(keine) Zeit haben **ùine (w)** *uunje*
Zeitung **pàipear-naidheachd (m)** *paaichper-naiachk*
Zelt **teanta (w)** *tänta*
Zeltplatz **làrach-campaidh (w)** *laarach-kampi*
Zentrum (Stadt-) **meadhan a' bhaile (m)** *mi'an a walle*
Ziehen (Tür) **tarraing, tarraing** *tarrink*
Zimmer **seòmar (m)** *schoomer*
zu (+ Eigenschaftswort) **ri, do°** *ri, do*
zu viel **cus** *kuss*
zufrieden **sona [sona]** *ssona [ssona]*
Zug **trèana (m)** *trään*
zurück **air ais** *äth asch*
zusammen mit **còmhla ri (+ Person)** *koola ri*
zwischen **eadar** *ätter*

Schottisch-Gälisch – Deutsch

A

a dh'aithghearr *a ghaichjar* bald
a h-uile rud *a hulle rut* alles
à *a* aus
a *a* welcher, welche, welches
A' Ghearmailt (w) *A Jeeremaltsch* Deutschland
a' bhuineach (w) *a wuineach* Durchfall
a° *a* nach (Richtung)
abaich [abaich] *apich [apich]* reif
abair [ag ràdh] *apeth [ak raa]* sagen
abhainn [aibhne] (w) *au'in [ainje]* Fluss
ach *ach* aber
achadh (m) *achagh* Feld, Acker
acras (m) *achkras* Hunger
agus *ages* und
aig *äk* bei
aimsir (w) *amescheth* Jahreszeit
ainm (m) *änem* Name
ainm baistidh (m) *änam baschtschi* Vorname
ainmeil [ainmeil] *ännemel [ännemel]* berühmt
air *äth* auf
air a' fòn-làimhe *äth a foon laiwe* auf dem Mobiltelefon
air ais *äth asch* zurück
air beulaibh (+ 2. Fall) *äth biaeelew* gegenüber
air cùlaibh (+ 2. Fall) *äth kuulew* hinter
air pàipear *äth päichper* auf Papier
àireamh (w) *aathew* Nummer
airgead (m) *ätheget* Geld, Bargeld; Silber
airson *ärsson* für, um, um zu ...
àite (m) *aatsche* Stelle, Ort
àite-bidh (m) *aatsche-bii* Restaurant
àite-campachaidh (m) *aatsche-kampachi* Campingplatz
àite-stad (m) *aatsche-stat* Haltestelle
aithnich [ag aithneachadh] *änich [ak änjachagh]* kennen
alcol (m) *alkol* Alkohol
àm (m) *aum* Zeit (allgemein)
am fear seo *am fär scho* diese(r,s)
a-màireach *a-maathach* morgen
ambasaid (w) *ambassidsch* Botschaft (dipl.)
amh [aimhe] *aw [awe]* roh
an aghaidh (+ 2. Fall) *an agh'i* gegen
an ath-thuras *an a-hurrass* nächstes Mal
an dèidh sin *an dschäi schin* dann, danach
An Eilbhis *An Ällewisch* Schweiz
An Ostair (w) *An Osteth* Österreich
an tè seo *an tschee scho* diese(r,s)
an uair sin *an uath schin* dann, danach
an-asgaidh *an-aski* kostenlos
an-dè *an-dschee* gestern
an-dèidh *an-dschäi* nach (Zeit)
an-diugh *an-dschiu* heute
an-earar *an-ärer* übermorgen
a-nis *a-nisch* jetzt
anmoch [anmoich] *ananmoch [anamich]* spät

ann an / am *aun an / am* in (örtl. / zeitl.)
an-seo *an-scho* hier
an-sin *an-schinn* da, dort, dorthin
antaidh (w) *aunti* Tante
aodach (m) *üotach* Kleidung
aodach-leapa (m) *üotach-läpa* Bettzeug
aoigh (m) *üoi* Gast
aoigheachd (w) *üoiachk* Gastfreundschaft
aois (w) *üosch* (Lebens-) Alter
aon turas *üon turras* einmal
aontaich [ag aontachadh] *üontich [ak üontachagh]* einverstanden
aosta [aosta] *üosda [üosda]* alt (nicht jung)
aotrom [aotroime] *üotrom [üotrome]* leicht (nicht schwer)
àrachas (m) *aarachas* Versicherung
aran (m) *arran* Brot
àrd [àirde] *aarschd [aarschdsche]* hoch, laut
a-rithist *a-ri'ischt* noch einmal, wieder
athair (m) *ahe*[th] Vater

B

baga (m) *baka* Tasche
baile (m) *balle* Dorf, Stadt
balach (m) *ballach* Junge
balla (m) *balla* Wand
banachdach (w) *banachkach* Impfung
banca (m) *banka* Bank (Geld)
ban-charaid (w) *bana-charitsch* Freundin (allg.)
banais [bainnse] (w) *bannisch [bainsche]* Hochzeit
bàs (m) *baas* Tod
bàsaich [a' bàsachadh] *baasich [a baasachagh]* sterben
bàta (m) [bàtaichean] *baata [baatichen]* Boot, Schiff
bàta-aiseag (m) *baat-aschäk* Fähre
bataraidh (m) *battari* Batterie/ Akku
beag [lugha] *bäk [lugha]* klein
bean [mnà] (w) *bän [mraa]* Ehefrau
bean-taighe (w) *bän-tähe* Hausfrau
beartach [beartaiche] *bärschtach [bärschtschiche]* reich
beatha (m) *bäha* Leben
beathach (m) *beohach* Tier
beinn (w) *bäin* Berg
beir, beirsinn *bä*[th]*, bä*[th]*schinn* gebären
bho° *wo* seit
bi *bi* sein (Verb)
biadh (m) *biagh* Speise;
biadh air bois *biagh ä*[th] *bosch* Essen zum Mitnehmen
biast-tràghad (w) *biast-trahad* Strandfloh
bìle (w) *biile* Rechnung
bileag (w) *biljak* Formular, Prospekt
blas (m) *blass* Aussprache
blasad uisge-bheatha *blasat üschke-wäha* Whisky-Verkostung
blasta [blasta] *blasta [blasta]* schmackhaft
blàth [blaithe] *blaa [blaie]* warm
bliadhna (w) *bliana* Jahr
bliadhnail *blianal* jährlich
bochd [bochda] *bochk [bochka]* arm
bodach (m) *botach* Alter (Person)

boireann *bothan* **weiblich**
bonaid (w) *bonaitsch* **Mütze, Kappe**
boireannach (m) *bothennach* **Frau**
botal (m) *bochtal* **Flasche**
botal uisge-bheatha (m) *bochtal üschke-wäha* **Flasche Whisky**
bracaist (w) *brachkischt* **Frühstück**
bràmair (m) *braameth* **Freund(in) (intim)**
bràthair (m) *braaheth* **Bruder**
brèagha *bri'a* **schön**
briste *brischtsche* **kaputt**
bròg (w) *brook* **Schuh**
broilleach (m) *broiljach* **Brust(korb)**
brònach [brònaiche] *broonach [brooniche]* **traurig**
brot (m) *brocht* **Suppe**
bruich [a bruich] *bruich [a bruich]* **kochen (etw.)**
bruidhinn [a' bruidhinn] ri *bri'in [a bri'in] ri* **sprechen (mit jem.)**
buaidh an taigh-ghlainne (w) *buai an tai ghlanje* **Treibhauseffekt**
buail [a' bualadh] *bual [a bulagh]* **schlagen**
buidhean [buidhne] (w) *bui'en [buine]* **Gruppe**
bus (m) *bass* **Bus**
bùth [bùtha] (w) *buu [buu'a]* **Geschäft (Laden)**
bùth-chungaidhean (w) *buu-chungi'en* **Apotheke**

C

caidil [a' cadal] *katal [a katal]* **schlafen**
càil *kal* **nichts**
caill [a' call] *kall [a kaull]* **verlieren (Dinge)**
cailleach (w) *kaljach* **Alte (Person)**
càirdeal [càirdeile] (ri) (+ Person) *kaardschel (ri) [kaardschele]* **freundlich (zu jem.)**
càirdeas (m) *kaarschdschess* **Freundschaft**
cairt (w) *karscht* **Karte**
cairt-fhiachan (w) *karscht iachan* **Girocard**
cairt-phuist (w) *karscht-fuscht* **Postkarte**
càite? (+ abhängige Verbform) *kaatsch* **wo?, wohin?**
camara (m) *kamara* **Fotoapparat**
camara digiteach (m) *kamara digitschach* **Digitalkamera**
cànan (m) *kaanan* **Sprache**
caol [caoile] *küol [küole]* **eng**
càr (m) *kaar* **Auto, Wagen**
carabhan (m) *karavan* **Wohnwagen**
caraich [a' caradh] *karich [a karagh]* **reparieren**
caraid (m) *karitsch* **Freund (allg.)**
carbad-eiridinn (m) *karrabat-ethidschin* **Rettungswagen**
carson? *karsson* **warum?**
cas (m) *kass* **Fuß**
casgan (m) *kaskan* **Kondom**
cead (m) *kät* **Erlaubnis**
cead-siubhail (m) *kett-schual* **Ausweis, Pass**
ceannaich [a'ceannachd] *keannich [a keannachk]* **kaufen**
ceannard (m) *keannarscht* **Chef**
ceann-latha (m) *keaun-la'a* **Datum**
ceàrnag-mhargaidh (w) *kjernak mharragi* **Marktplatz**
ceàrr *keaar* **falsch**

ceart *kjärscht* richtig
cèilidh (w) *keeli* Feier
cèilidh [a' cèilidh] air (+ Person) *keeli [a keeli] äth* besuchen
cèin *keen* ausländisch
cèineach (m) *keenach* Ausländer
ceist (w) *käscht* Frage
ceòl [ciùil] (m) *keool [kiuul]* Musik
cha° / chan° (vor Selbstlaut) *cha / chan* nicht
cho … ri … *cho … ri …* so … wie … (Vergleich)
cia mheud? (+ Ez) *ki wiat* wie viel?
ciamar? *kjimmer* wie?
cìoch (w) *kiioch* Brust (weibl.)
ciontach *kiuntach* schuldig
cìs (w) *kiisch* Gebühr
clach [cloiche] (w) *klach [kloiche]* Stein
clach-cuimhne (w) *klach-kuine* Denkmal
clann [cloinne] (w Mz) *klaun [kloinnje]* Kind
clàr (m) *klaar* Schallplatte
clàraich [a' clàradh] *klaarich [a klaarach]* registrieren
clàr-bìdh (m) *klaar-bii* Speisekarte
cleachd [a' cleachdadh] *kleachk [a kleachkagh]* brauchen
cleachdadh (m) *kleachkagh* Brauch
clèireach (m) *kleethach* Angestellte(r)
clì *klii* links
clò (m) *kloo* Stoff
cluich [a' cluich] *kluich [a kluich]* spielen
cluinn [a' cluinntinn] *kluin [a kluintschin]* hören
cò às? *ko ass* woher?
cò? *ko* wer?
cò-dhùnadh [a' cò-dhùnadh] *ko-ghuunagh [a ko-ghuunagh]* entscheiden
cò-latha breith (m) *koo-la'a bree* Geburtstag
còd ionadail (m) *kot inadal* Vorwahlnummer
coille (w) *koilje* Wald
coinneal (m) *konnjal* Kerze
coinnich [a' coinneachadh] ri (+ Person) *konnich [a konneachagh] ri* treffen (begegnen)
coisich [a' coiseachd] *kooschich [a koschachk]* wandern, gehen
comasach [comasaiche] *kommassach [kommassiche]* möglich
comhairle (w) *koohäthle* Rat
comhfhurtail *koo'urschtal* gemütlich
còmhla ri (+ Person) *koola ri* zusammen mit
còmhnaiche (m) *kooniche* Einwohner
còmhradh (m) *kooragh* Gespräch, Unterhaltung
còrd [a' còrdadh] ri *koorschd [a koorschdagh] ri* gefallen
coròna-bhìoras (m) *korona-viiress* Coronavirus
cosg [a' cosgadh] *kosk [a koskagh]* kosten (Preis)
craobh (w) *krüow* Baum
crealag (w) *krälag* Bremse (Insekt)
creid [a' creidsinn] *krädsch [a krädschin]* glauben
cridheil [cridheile] *kri'el [kri'ele]* herzlich
crìoch [crìche] (w) *kriioch [kriiche]* Ende, Grenze

crìochnaich [a' crìochnachadh] *kriiochnich [a kriiochnachagh]* **beenden**

cruaidh [cruaidhe] *kruai [krua'ie]* **hart**

cruinnich [a' cruinneachadh] *kruinnich [a kruineachagh]* **sammeln**

cudromach *kutromach* **wichtig**

cuid *kutsch* **einige**

cuideachadh (m) *kudschachagh* **Hilfe**

cuideachd *kudschachk* **auch**

cuideigin *kudschegin* **jemand**

cuidich [a' cuideachadh] *kudschich [a kudschachagh]* **helfen**

cuimhneachan (m) *kuineachan* **Andenken**

cuimhnich [a' cuimhneachadh] *kuinich [a kuineachagh]* **sich erinnern**

cuimhnich [a'cuimhneachadh] air° *kuinich [a kuineachagh] äth* **sich merken**

cuin? *kuin* **wann?**

cuir [a' cur] *kuth [a kur]* **stellen, setzen, legen**

cuir [a' cur] air dòigh *kuth [a kur] äth dooi* **organisieren**

cuir [a' cur] air falbh *kuth [a kur] äth fallaw* **abschleppen**

cuir [a' cur] a-steach òrdugh *kuth [a kur] a-schtscheach oordu* **bestellen**

cuir [a' cur] cabhag air *kuth [a kur] kafak äth* **sich beeilen**

cuir [a' cur] dheth *kuth [a kur] jä* **ausziehen (etw.)**

cuir [a' cur] fallas *kuth [a kur] fallas* **schwitzen**

cuir [a' cur] fàilte air (+ Person) *kuth [a kur] faaltsche äth* **begrüßen, grüßen (jem.)**

cuir [a' cur] fios air *kuth [a kur] fiss äth* **benachrichtigen**

cuir [a' cur] gu *kuth [a kur] gu* **schicken, senden**

cuireadh (m) *kuthagh* **Einladung**

cuirm-ciùil (m) *kurrem-kjuul* **Konzert**

cùm [a'cumail] *kuum [a kumal]* **halten**

cumanta *kumanta* **normal**

cunnartach [cunnartaich] *kunnarschtach [kunnarschtich]* **gefährlich**

cùnnt [a'cunntadh] *kuunt [a kunntagh]* **rechnen**

cus *kuss* **zuviel**

D

dad *dat* **nichts**

danns [a' dannsadh] (còmhla ri) (+ Person) *dauns [a daunssagh] (koola ri)* **tanzen (mit)**

daoine (m Mz) *düonje* **Leute**

daonnan *düonan* **immer**

daor [daoire] *düor [düothe]* **teuer**

dath (m) *da* **Farbe**

dathte *dachtsche* **bunt**

de *dschä* **von (Teil von etwas)**

dè? *dschee* **was?**

dealbh (m) *dschällaw* **Bild**

dealbh-dùthcha (m) *dschällaw-duucha* **Landkarte**

dèan [a' dèanamh] *dschiian [a dschiianaw]* **tun, machen**

dèan [a dèanamh] suidhe *dschiian [a dschiianaw] sui'e* sich setzen

deas *dschäss* rechts

deas (m) *dschäss* Süden

dèideagan (m) *dscheedschakan* Spielzeug

deiseil *dscheschel* fertig

deise-snàmh (w) *dscheesche-snaaw* Badeanzug

deoch (m) *dschjoch* Getränk

deuchainn (w) *dschiachinn* Test

Dia (m) *Dschia* Gott

digiteach, digitiche *digitschach, digitschiche* digital

dìnnear [dìnnearach] (w) *dschiinear [dschiinearach]* Mittagessen

dìochuimhnich [a' dìochuimhneachadh] *dschiiochuinich [a dschiiochuineachagh]* vergessen

dìreach *dschiithach* geradeaus

do° *do* dein/e

do° *do* nach (Richtung)

do° *do* zu (+ Eigenschaftswort)

doinnean (w) *donnean* Gewitter

doirbh [doirbhe] *dothew [dothewe]* kompliziert, schwierig

domhainn [doimhne] *dooin [doinje]* tief

dona [miosa] *donna [missa]* schlecht

doras (m) *dorras* Tür

dorch *dorroch* dunkel

dotair (m) *dochteth* Arzt

draibh [a' draibheadh] *draiw [a draiwagh]* fahren

draibhear (m) *draiwer* Chauffeur

dreuchd (m) *driachk* Beruf

droch-shìde (w) *droch-hiidsche* „Schietwetter"

drochaid (w) *drochitsch* Brücke

dual-chainnt (w) *dual-chaintsch* Dialekt

duilleag (w) *duljak* Blatt (Papier/Baum)

duine (m) *dünje* Mensch; Mann; Ehemann

dùisg [a' dùsgadh] *duuschk [a duusgagh]* wecken; aufwachen

dùn (m) *duun* Burg

dùthaich [dùthcha] (w) *duu'ich [duu'cha]* Land

dùthaich chèin (w) *duuich cheen* Ausland

E

eachdraidh (w) *eachdri* Geschichte (Historie)

eadar *ätter* zwischen

eadar-nàiseanta *ätter-naaschenta* international

eadar-theangaich [ag eadar-theangachadh] *ätter-hängich [ak ätter-hängachagh]* übersetzen (Sprache)

eagal (m) *ekal* Angst

eaglais (w) *äklisch* Kirche

ealan (w) *e'alan* Kunst

Ear (m) *Äar* Osten

earrach (m) *ärrach* Frühling

èibhinn [èibhinne] *eewin [eewinje]* lustig

Eilbhiseach (m) *Ällewischach* Schweizer(in)

eilean (m) *ällan* Insel

èirich [ag èirigh] *eethich [ak eethi]* aufstehen

eisimpleir (w) *äschimpläth* Beispiel

eòlaiche-coimpiutair (m) *jeoliche compijute*th **Computer-Spezialist**
èoro (m) *e-ooro* **Euro**
èigh [ag èigheachd] *eei [ak ee'wachd]* **rufen, schreien**
eun (m) [eòin] *ian [e'ooin]* **Vogel**
euslainteach (m) *iaslaantschach* **Patient**

F

facal (m) *fachkal* **Wort**
facal-faire (m) *fachkal-fa*th*e* **Passwort; Geheimzahl**
faclair (m) *fachkle*th **Wörterbuch**
factoraidh (w) *fachktori* **Fabrik**
fad às *fat ass* **fern**
fada [faide] *fata [fadsche]* **lang (Entfernung); lang(e) (Zeit)**
fadalach [fadalaiche] *fatalach [fataliche]* **verspätet**
fàg [a' fàgail] *faak [a faakel]* **aussteigen (z. B. Bus)**
faic [a' faicinn] *fächk [a fächkin]* **sehen**
faigh [a' faighinn] *fai [a fai'in]* **finden; erhalten**
faighnich [a' faighneachd] de (+ Person) *fainich [a fainjeachk] dschä* **fragen, erfragen (von jem.)**
fàirdeal (m) *faarschdschel* **Rechnung**
fairich [a' faireachdainn] *fa*th*ich [a fa*th*eachkin]* **sich fühlen**
faisg [faisge] *faschk [faschke]* **nah**
falamh [falaimhe] *falaw [falaiw]* **leer**
falbh [a' falbh] *fallaw [a fallaw]* **abreisen, abfahren**
fallainn [fallainn] *fallain [fallain]* **gesund**
fan [a' fantainn] *fann [a fanntin]* **warten**
faod *füot* **dürfen**
fàs [a' fàs] *faas [a faas]* **werden**
fasan (m) *fassan* **Mode**
feadhainn *fjoo'in* **einige**
fear / bean an taighe (m) *fär / bän an tähe* **Gastgeber/-in**
feasgar (m) *fäsker* **Nachmittag, Abend**
fèis (w) *feesch* **Fest**
feòil [feòla] (w) *fjeeool [fjeoola]* **Fleisch**
feuch [a' feuchainn] *fiach [a fiachin]* **kosten (probieren)**
feuch [a' feuchainn] ri *fiach [a fiachin] ri* **versuchen**
feumaidh *feemi* **müssen**
feur [feoir] (m) *fiar [feoo*th*]* **Gras**
feusag, feusaige (w) *fiassak, fiassige* **Bart**
fhad 's a *at ssa* **während**
fhathast *ha'ast* **noch**
fhèin *heein* **selbst**
fiabhras (m) *fiawras* **Fieber**
fiaclair *fiachkle*th **Zahnarzt**
fiolm (m) *fillem* **Film**
fìor *fiir* **wahr**
fiosrachadh (m) *fissrachagh* **Auskunft, Information**
flat (m) *flacht* **Wohnung**
fliuch [fliche] *fliuch [fliche]* **feucht, nass**
flùr (m) *fluur* **Blume**
fo° *fo* **unter**
foghar (m) *fo'er* **Herbst**
fois *fosch* **Pause**
fòn (m) *foon* **Telefon**
fòn [a' fònadh] *foon [a foonagh]* **telefonieren**

forc (w) *forrek* **Gabel**
fortan (m) *foorschtan* **Glück**
fosgail [a' fosgladh] *foskal [a fosglagh]* **öffnen**
fo-sgrìobh [a' fo-sgrìobhadh] *fo-skriiw [a fo-skriiwagh]* **unterschreiben**
freagair [a' freagairt] *fräka^th [a fräkarscht]* **antworten**
freagairt (w) *fräkarscht* **Antwort**
fuar [fhuaire] *fuar [ua^the]* **kühl, kalt**
fuaradair (m) *fuarade^th,* **Kühlschrank**
fuirich [a' fuireach] *fu^thich [a fu^thach]* **bleiben, wohnen**
furasta [fhasa] *furasta [assa]* **einfach**

G

gabh [a' gabhail] *gaw [a ga'al]* **nehmen**
gabh [a' gabhail] bracaist *gaw [a ga'al] brachkischt* **frühstücken**
gabh [a' gabhail] fois *gaw [a ga'al] fosch* **sich erholen**
gabh mo leisgeul! *gaaw mo leschkel* **entschuldige!**
gach aon *gach üon* **jeder**
gach turas *gach turras* **jedesmal**
gainmheach (w) *gänewach* **Sand**
gallta *gaullta* **fremd**
gaoth [gaoithe] (w) *güo [na güoi'e]* **Wind**
garaid (w) *garitsch* **Autowerkstatt**
gàrradh (m) *gaarragh* **Garten**
gartan (m) *gartan* **Zecke**
gas (m) *gas* **Gas**
geamhradh (m) *geauregh* **Winter**
gearan [a' gearan] *gjärran* **sich beschweren**
Gearmailteach (m) *Gerremaltschach* **deutsch; Deutsche(r)**
geur [gèire] *giar [gee^the]* **sauer**
giùlain [a' giùlan] *gjuulan [a gjuulan]* **tragen**
glaine (w) *glanje* **Glas (Trink-)**
glan [glaine] *glan [glanje]* **sauber**
glan [a' glanadh] *glan [a glanagh]* **sauber machen**
glaodh [a' glaodh] *glüogh [a glüogh]* **weinen**
glasraich (w) *glassrich* **Gemüse**
gleann [glinn] (m) *gleaun [glinn]* **Tal**
glic [glice] *glichk [glichke]* **klug**
gloine (w) *gloinje* **Glas (Material)**
gnothach (m) *gro'ach* **Geschäft (Tätigkeit)**
goirid [giorra] *go^thitsch [girra]* **kurz**
gòrach [gòraiche] *goorach [gooriche]* **dumm**
gràmar (m) *graamar* **Grammatik**
grian [grèine] (w) *grian [greenje]* **Sonne**
grod *grot* **faul (Obst)**
gu *gu* **nach (Richtung); bis**
gu / gum / gun (+ abhängige Verbform) *gu / gum / gun* **dass**
gu bhith *gu wi* **etwa**
gu bràth *gu braach* **niemals (in der Zukunft)**
gu h-obann *gu hopan* **plötzlich**
gu leòr *gu ljeoor* **genug**
gun dàil *gun daal* **sofort**
gun° *gun* **ohne**
gus *guss* **bis, damit, um**
guth (m) *gu* **Stimme**

I

Iar (m) *iar* **Westen**
iarr [ag iarraidh] *iarr [ak iarri]* **wollen**
iasg [èisg] (m) *iask [eeschk]* **Fisch**
inneal-telebhisein (m) *inneal telewischen* **Fernsehgerät**
innis [ag innse] breug *i'isch [ak iinsche] briak* **lügen**
innis [ag innse] do° (+ Person) *i'isch [ak iinsche] do* **erzählen**
inntinneach [inntinnich] *iintschiinach [iintschiinich]* **interessant**
iomlaid [ag iomlaid] *imlitsch [ak imlitsch]* **umtauschen**
ionad (m) *inat* **Platz**
ionnsaich [ag ionnsachadh] *iunsich [ak iunsachagh]* **lernen**
is *is* **und (Kurzform von agus)**
is *is* **sein (Verb)**
itealaich [ag itealaich] *itschalich [ak itschalich]* **fliegen**
itealan (m) *ichtschalan* **Flugzeug**
ith [ag ithe] *ich [ak iche]* **essen**
iuchair [iuchrach] (w) *iuchar [iuchrach]* **Schlüssel**

L

labhairt [a' labhairt] *lawarscht [a lawarscht]* **reden**
lagh (m) *lagh* **Gesetz**
làidir [treasa] *laadschi[th] [trässa]* **stark**
laigh [a' laighe] *lai [a laie]* **legen; liegen**
làitheal *laaiel* **täglich**
làmh [làimhe] (w) *laamw [laaiwe]* **Hand**
lampa (m / w) *lampa* **Lampe**
làn [làine] *laan [laan]* **satt**
làn *laan* **voll**
làrach-campaidh (w) *laarach-kampi* **Zeltplatz**
lasaran (m) *lassaren* **Streichhölzer**
latha (m) *la'a* **Tag**
le *lä* **mit**
le ... (+ Person) fhèin *lä ... heein* **allein**
leabaidh [leapa] (w) *läpi [läpa]* **Bett**
leabhar (m) *ljo'or* **Buch**
leann (m) *leaun* **Bier**
leathann *ljähan* **breit**
leibh *läiw* **danke**
leigheas-chungaidhean (m) *lei'as-chungi'en* **Medikament**
leisg [leisge] *läschk [läschke]* **faul (träge)**
leth (m) *ljä* **Hälfte**
leugh [a' leughadh] *ljee [a ljeewagh]* **lesen**
leumnach (m) *lemnach* **Sandfloh**
litir [litreach] (w) *lichtschi[th] [litrach]* **Brief**
loch [locha] (m) *loch [locha]* **See**
lodaich, lodachadh suas *lodachagh ssuass* **hochladen**
loisg [a' losgadh] *loschk [a loskagh]* **brennen; schießen**
lom *loum* **nackt**
long [luinge] (w) *long [luinge]* **(Kriegs-)Schiff**
lorg [a' lorg] *lorrek [a lorrek]* **suchen, finden**
luath [luaithe] *lua [luaie]* **schnell**

lùchairt (w) *luucharscht* **Palast, Schloss (Gebäude)**
lus (m) *luss* **Pflanze**

M

ma *ma* **wenn (falls)**
mac (m) *machk* **Sohn**
madainn [maidne] (w) *mattin [matnje]* **Morgen, Vormittag**
mair [a' maireann] *math [a mathenn]* **dauern**
màlaid (w) *maalidsch* **Koffer**
malairt (w) *malarscht* **Handel**
mapa (m) *machpe* **Landkarte**
mar sin *mar schinn* **darum, deshalb**
marbh *marraw* **tot**
marbh [a' marbhadh] *marraw [a marrawagh]* **töten**
margadh (m) *maragagh* **Markt**
math [fhèarr] *ma [schjaar]* **gut [besser]**
màthair (w) *maaheth* **Mutter**
meadhan a' bhaile (m) *mi'an a walle* **Zentrum (Stadt)**
meadhan-latha (m) *mi'an-la'a* **Mittag**
mearachd (w) *märrachk* **Fehler**
meas (m) *mäss* **Frucht**
measan (m) *mässan* **Obst**
mèirle (w) *mjeerle* **Diebstahl**
meud (m) *meet* **Größe (Kleidung u. ä.)**
meur [meòir] (w) *meer [meoor]* **Finger**
milis [milse] *millisch [milsche]* **süß**
mìnich [a' mìneachadh] *minich [a mineachagh]* **erklären**
mionaid (w) *minnatsch* **Minute**
mionaideach [mionaidich] *minnatschach [minnatschich]* **genau**
mìos [mìosa] (w) *miioss [miiossa]* **Monat**
mo° *mo* **mein/e**
modhail [modhaile] *moghel [moghel]* **höflich**
mol [a' moladh] *moll [a mollagh]* **empfehlen**
mòr [motha] *moor [mo'a]* **groß**
mòr-rathad (m) *moor-ra'at* **Schnellstraße, Autobahn**
motar (m) *motar* **Motor**
mu thràth *mu raa* **schon**
muinntir (w) *munntschith* **Leute**
muir [mara] (w) *muuth [marra]* **Meer**
mullach (m) *mullach* **Dach**
murt (m) *murscht* **Mord / Verflucht!**
mus *muss* **bevor**

N

na *na* **als (Vergleich)**
nàdar (m) *naater* **Natur**
nàdarrach [nàdarraiche] *naaterrach [naaterriche]* **natürlich (nicht künstlich)**
naidheachd (w) *nai'achk* **Nachricht**
neach *neach* **Person**
neach-naidheachd (m) *njeach-naiachk* **Journalist**
neo *njo* **oder**
neo-chiontach *no-chiuntach* **unschuldig**
nigh [a' nighe] *ni'e [a ni'e]* **waschen**
nigh [a' nighe] (+ Person) fhèin *ni'e [a ni'e] heein* **sich waschen**

nighean (w) *ni'en* **Mädchen; Tochter**
no *no* **oder**
nuair a *nuath a* **als (zeitl.), wenn**

O

obraich [ag obair] *oprich [ak oper]* **arbeiten**
obraiche (m) *opriche* **Arbeiter(in)**
òg [òige] *oog [ooige]* **jung**
oidhche (w) *oiche* **Nacht**
oifis (w) *offisch* **Büro**
oifis a' phuist (w) *offisch a fuscht* **Post(amt)**
oileanach (m) *ollanach* **Student**
oilthigh (m) *ollhai* **Universität**
oir *ooth* **weil; denn**
òl [ag òl] *ool [ak ool]* **trinken**
ola (m) *ola* **Öl**
òr [òir] (m) *oor [ooth]* **Gold**
òran (m) *ooran* **Lied**
òrdugh (m) *oordu* **Bestellung**
ospadal (m) *ospatal* **Krankenhaus**
Ostaireach (m) *Ostethach* **Österreicher(in)**

P

pacaid (w) *pachkidsch* **Päckchen, Paket**
pàigh [a' pàigheadh] *päi [a pä'agh]* **zahlen, bezahlen**
pàipear (m) *paaichper* **Papier**
pàipear [-an] (m) *paaichper [-an]* **Dokument(e)**
pàipear-naidheachd (m) *paaichper-naiachk* **Zeitung**
pàipear-tòin (m) *paaichper-ton* **Toilettenpapier**
pàirc (w) *park* **Park**
pàrantan *paarantan* **Eltern**
parsail (m) *parssal* **Päckchen**
pathadh (m) *pa'agh* **Durst**
peansail (m) *penssil* **Bleistift**
peant [a' peantadh] *pänt [a päntagh]* **malen**
peatrol (m) *pätrol* **Benzin**
pian (m) *pian* **Schmerz**
pile (m) *pille* **Tablette**
pìos (m) *piis* **Stück**
piuthar (w) *piuher* **Schwester**
plana (m) *plana* **Plan**
plàst [plàsta] (m) *plaast [plaasta]* **Heftpflaster**
plèana (m) *pleena* **Flugzeug**
poileas (m) *polles* **Polizei**
poileataigs (w) *polatigs* **Politik**
poit (w) *poichtsch* **Gefäß**
port (m) *porscht* **Hafen**
port-adhair (m) *porscht-aheth* **Flughafen**
prìobhaideach *priwadschach* **privat**
prìosan (m) *priissan* **Gefängnis**
prìs (w) *priisch* **Preis, Fahrpreis**
prògram (m) *proogram* **Programm**
put, [a' putadh] *pucht [a puchtagh]* **Drücken (Tür)**

R

rach [a' dol] (air bus) *rach [a doll] (äth bass)* **einsteigen (in den Bus)**
rathad (m) *ra'at* **Straße**
rathad-iarrainn (m) *ra'at-iaran* **Eisenbahn (Zug)**
reachd (m) *reachk* **Recht**

reic [a' reic] *reechk [a reechk]* **verkaufen**
rèidio (m) *reedio* **Radio**
reòiteag (w) *rjootschak* **Eis (Speise-)**
ri *ri* **zu (+ Eigenschaftswort)**
ri chèile *ri cheele* **einander**
ri taobh (+ 2. Fall) *ri tüow* **neben**
riamh *riaw* **niemals (in der Vergangenheit)**
ris an uair *risch an ua*[th] **pünktlich**
ro° *ro* **vor**
roimhe *reue* **vorher**
ròpa (m) *roochpa* **Seil**
rosgrann (m) *roskraun* **Satz (Grammatik)**
rothair (m) *rohe*[th] **Fahrrad**
rothair-dealain (m) *rohe*[th]*-dschälain* **E-Rad**
rud (m) *rut* **Ding, Sache**
rud beag *rut bäk* **ein bisschen**
rud-eigin *rut-egin* **etwas**
ruig [a' ruigsinn] *ruk [a rukschin]* **ankommen**
ruith [a' ruith] *rui [a rui]* **laufen, rennen**
rùm (m) *ruum* **Raum**
rùm-cadail (m) *ruum-katal* **Schlafzimmer**
rùm-ionnlaid (m) *ruum-iunlätsch* **Badezimmer**

S

's *s* **und**
's dòcha *sdoocha* **vielleicht**
's urrainn do° (+ Person) *ssurrinn do* **können**
sàbhail [a' sàbhalachdh] *ssaawal [a ssaawalagh]* **sparen (Geld); sichern, speichern (Daten)**
sàbhailte *ssaawiltsche* **sicher**
salach [salaiche] *ssalach [ssaliche]* **schmutzig**
salann (m) *ssallan* **Salz**
samhradh (m) *ssauregh* **Sommer**
saor [saoire] *ssüor [ssüo*[th]*e]* **billig; frei**
saor-làithean (m Mz) *ssüor-lai'en* **Ferien, Urlaub**
Sasannach *Ssassanach* **englisch; Engländer(in)**
seachdain [seachdaine] (w) *scheachkin [sseachkinje]* **Woche**
seall [a'seallltainn] *schaull [a schaultin]* **zeigen**
sean [sine] *schenn [schine]* **alt (nicht neu)**
seanair (m) *schänne*[th] **Großvater**
seanmhair (w) *schännewe*[th] **Großmutter**
seann-fhàsanta *schaun-assanta* **rückständig**
seas [a' seasamh] *schäss [a schässamw]* **stehen**
seic (w) *schechk* **Scheck**
seinn [a' seinn] *schäinn [a schäinn]* **singen**
seòladh (m) *schoolagh* **Adresse**
seòmar (m) *schoomer* **Zimmer**
sgarfa (m) *skarfa* **Schal**
sgeul [sgeòil] (w) *skial [skeool]* **Geschichte (Erzählung)**
sgian [sgèine] (m) *skian [skene]* **Messer**
sgìre (w) *skii*[th]*e* **Gegend**
sgìth [sgìthe] *skii [skii'e]* **müde**

sgleat (m) *sklett* **Dachziegel (Schieferplatte)**
sgoil (w) *skol* **Schule**
sgoilear (m) *skoller* **Schüler(in)**
sgoinneil [sgoinneil] *skonnjeil [skonnjeil]* **ausgezeichnet**
sgrìobh [a' sgrìobhadh] *skriiw [a skriiwagh]* **schreiben**
sgudal (m) *skudal* **Müll**
sgùtair (m) *skuute*th **Scooter**
sguir [a' sguir] *sku*th *[a sku*th*]* **aufhören**
shìos *hiioss* **unten**
shuas *huass* **oben**
sibh *schiiw* **Sie (höfl. Anrede)**
sìde [sìde] (w) *schiidsche [schiidsche]* **Wetter**
sin *schin* **dies**
sìobann (m) *schiopan* **Seife**
sìoda (m) *ssiida* **Seide**
siognal (m) *siknal* **Empfang**
sìon *schian* **nichts**
siosar (m) *schisser* **Schere**
sìth (w) *schii* **Frieden**
siubhail [a' siubhal] *schual [a schual]* **reisen**
slàinte (w) *slaantsche* **Gesundheit**
slàn *slaan* **ganz (nicht kaputt)**
slaodach [slaodaiche] *slüotach [slüotiche]* **langsam**
slighe (w) *schli'e* **Weg**
slighe a-mach (w) *schli'e a-mach* **Ausgang**
slighe a-steach *schli'e a-schtscheach* **Eingang**
sloinneadh (m) *slonjagh* **Familienname**
sluagh (m) *sluagh* **Volk**
smaoinich [a' smaoineachadh] *smüonich [a smüoneachagh]* **denken**
smoc [a' smocadh] *smok [a smochkegh]* **rauchen**
snàmh [a' snàmh] *snaaw [a snaaw]* **baden, schwimmen**
snathad (w) *sna'at* **Spritze; Nadel**
soirbheachas (m) *ssorrewachas* **Erfolg**
solas (m) *ssollass* **Licht**
sona [sona] *ssona [ssona]* **fröhlich, zufrieden**
spàin (w) *spaan* **Löffel**
speuclairean (m Mz) *spiachkla*th*an* **Brille**
spìosradh (m) *spiisrach* **Gewürz**
spìosrach [spìosraiche] *spiisrach [spiisriche]* **scharf**
spòrs (m) *spoors* **Sport**
stad [a' stad] *stat [a stat]* **anhalten**
staidhre [staidhreach] (w) *stai*th*e [stairach]* **Treppe**
stampa (m) *stampa* **Briefmarke**
stèisean (m) *steeschen* **Bahnhof**
stèisean-peatroil (m) *steeschen-pätrol* **Tankstelle**
sùbhagan-craoibhe (w Mz) *ssuuwakan krüiwe* **Himbeeren**
suidhe ['a suidhe] *ssuije [a ssuije]* **sitzen**
suim (w) *ssuim* **Summe**
sùipear (m) *suichper* **Abendessen**

T

tachartas (m) *tachartas* **Ereignis**
tacsaidh (m) *tachksi* **Taxi**
tadhail [a' tadhal] air *tahel [a tahel] ä*th **besichtigen**
taigh (m) *tai* **Haus**
taigh-beag (m) *tai-bäk* **Toilette**

taigh-dhealbh (m) *tai-jällaw* **Kino**
taigh-chluich (m) *tai-chluich* **Theater**
taigh-motair (m) *tai-motath* **Wohnmobil**
taigh-òsta (m) *tai-oosta* **Gaststätte, Hotel**
taigh-seinnse (m) *tai-schäinnsche* **Kneipe**
taigh-tasgaidh (m) *tai-taski* **Museum**
tàirneanaich is dealanaich (m) *taarneanich is dschälanich* **Gewitter**
taisbeanadh (m) *taschbjänagh* **Ausstellung**
talamh [talmhainn] (w) *talaw [talawin]* **Erde**
tàmh (m) *taaw* **Ruhe**
tana *tanna* **dünn**
taobh (m) *tüow* **Seite (Richtung)**
tapadh leat *tachpa lät* **danke**
tar-ghnèitheach *tar gre'ach* **transgender**
tarraing, tarraing *tarrink* **Ziehen (Tür)**
teagaisg [a' teagasg] *tschäkischg [a tschäkasg]* **unterrichten (lehren)**
teaghlach (m) *tschealach* **Familie**
teagsa (m) *täksa* **Text; SMS**
teanta (w) *tänta* **Zelt**
teàirrdsear (m) *tschardscher* **Ladegerät**
teine (w) *tschännje* **Brand, Feuer**
teisteanas-banachdaich (m) *tscheschtschanas-banachkich* **Impfpass**
teth [teotha] *tschä [tscho'a]* **heiß**
tha am pathadh air (+ Person) *ha am pa'agh äth* **Durst haben**
tha an cnatan air (+ Person) *ha an krachtan äth* **erkältet sein**
tha eagal air (+ Person) *ha äkal äth* **sich fürchten (vor)**
tha fios aig (+ Person) *ha fiss äk* **wissen**
tha mi an dòchas gu (+ abhängige Verbform) *ha mi an doochass gu* **hoffen**
tha ùidh aig … (Person) air … (Sache) *ha uui äk … äth …* **sich interessieren (für) („ist Interesse bei Person auf Sache")**
thig [a' tighinn] *hik [a tschi'in]* **kommen**
thig [a' tighinn] a-steach *hik [a tschihin] a-schtscheach* **eintreten**
thoir pòg do° *hooth pook do* **küssen**
thoir [a' toirt] le *hooth [a torscht] lä* **bringen (mitbringen)**
thoir [a' toirt] cead do° *hooth [a torscht] kät do* **erlauben**
thoir [a' toirt] do° *hooth [a torscht] do* **geben**
thoir [a' toirt] gu *hooth [a torscht] gu* **bringen nach, wegbringen**
thoir [a' toirt] seachad cuireadh *hooth [a torscht] sseachat kuthagh* **einladen**
thoir [a' toirt] taing do° (+ Person) *hooth [a torscht] taing do* **danken**
ticead (m) *tichket* **Fahrkarte**
ticead plèana (m) *tichket pleena* **Flugticket**
tidsear (m) *tidscher* **Lehrer(in)**
tinn [tinne] *tschiin [tschinje]* **krank**
tinneas (m) *tschinneas* **Krankheit**
tìodhlac (w) *tschiioghlagh* **Geschenk**
tìoraidh *tschiiori* **tschüss**

tioram [tiorma] *tschiram [tschirrema]* **trocken**
tiugh *tschiu* **dick**
tog [a' togail] *tok [a tokal]* **bauen, heben**
tog [a' togail dealbh] *tok [a tokal dschällaw]* **fotografieren**
togalach (m) *tokalach* **Gebäude**
toilichte [toilichte] *tollichtsche [tollichtsche]* **glücklich**
toilichte *tollichtsche* **sich freuen**
toirmisgte *tothemischktsche* **verboten**
tòisich [a' tòiseachadh] *tooschich [a tooschachagh]* **anfangen**
toll (m) *taull* **Loch**
tombaca (m) *tombachka* **Tabak**
tòrr (+ 2. Fall) *toor* **viel**
tradaisean (m) *tradischen* **Tradition**
tràigh [traghad] (w) *traai [tra'at]* **Strand**
trang [trainge] *trang [trainge]* **fleißig, beschäftigt**
tràth [tràithe] *traa [traaie]* **früh**
trèana (m) *trään* **Eisenbahn, Zug**
tric [trice] *trichk [trichke]* **oft**
trioblaid (w) *triblitsch* **Problem**
tro° *troo* **durch (hindurch)**
troid [a' trod] *trotsch [a trot]* **streiten**
trom [truime] *troum [truime]* **schwer (nicht leicht)**
tuath (m) *tua* **Norden**
tuathanach (m) *tua'anach* **Bauer**
tubaist (w) *tupascht* **Unfall**
tubhailt (w) *tuwaltsch* **Handtuch**
tuig [a' tuigsinn] *tuk [a tugschinn]* **verstehen**
tuilleadh *tuijagh* **mehr**
tuit [a' tuiteam] ann an gaol *tuichtsch [a tuichtschem] aun an güol* **sich verlieben**
tùr (m) *tuur* **Turm**
turas (m) *turass* **Reise**
turasdal (m) *turastal* **Lohn, Gehalt**

U

uair a thìde (w) *uath a hiidsche* **Stunde**
uaireadair (m) *uathadeth* **Uhr**
uaireannan *uuthanan* **manchmal**
ugh (m) [Mz: uighean] *u [ui'en]* **Ei**
uinneag, uinneige (w) *üinjak, üinjege* **Fenster**
uisge (m) *üschke* **Wasser, Regen**
uisge-beatha (m) *üschke-bäha* **Whisky**
uncail (m) *unkel* **Onkel**
ùr [ùire] *uur [uuthe]* **neu; frisch (Obst)**
urlar (m) *urlar* **Etage**

Notizen

Literaturhinweise

Wer jetzt nicht mehr schlafen kann, bis er Schottisch-Gälisch fließend beherrscht – bitte keine Pillen nehmen, sondern folgende Bücher und Medien:

Comhairle nan Leabhraichean
The Gaelic Books Council,
22 Mansfield Street, Glasgow.
Online-Bestellung über:
www.gaelicbooks.net
(Bezugsmöglichkeit aus Schottland für Bücher und traditionelle Musik)

Ur-Sgeul vertreibt gälische Romane und Kurzgeschichten:
www.ur-sgeul.com

Lehrbuch der schottisch-gälischen Sprache, von Michael Klevenhaus, 2009, XXXII, 372 S. und eine MP3-CD. ISBN-978-3-87548-520-2

Begleitheft, von Michael Klevenhaus, mit Lösung der Aufgaben und Übersetzung der Dialoge, 2009. 72 Seiten.

Abair Faclair, Englisch–Gälisch, Gälisch–Englisch,
Gairm Publications

www.faclair.info
Online-Wörterbuch von Michael Bauer, Gälisch–Englisch, Gälisch–Englisch, Am Faclair Beag

Deutsches Zentrum für Gälische Sprache und Kultur,
Postfach 7665, 53076 Bonn
Tel. 0151-54755225
Internet: www.schottisch-gaelisch.de
E-mail: info@schottisch-gaelisch.de

Sabhal Mòr Ostaig
Sommer-Ferienkurse, Slèite,
an t-Eilean Sgitheanach IV44 8RQ,
Tel: 0044-(0)1471-888000
oder unter: www.smo.uhi.ac.uk

www.akerbeltz.com
Die mit Abstand professionellste Seite im Netz zu Grammatik, Lautsystem, Aussprache (mit Hörbeispielen!) bietet Michael Bauer in Glasgow an. Hier erhält man auch die gälische Version von Firefox / Thunderbird.

Gälisches Radio können Sie über das Internet hören: www.bbc.co.uk/radionangaidheal

Und **gälisches Fernsehen** gibt es hier: www.bbc.co.uk/alba

Der Autor

Michael Klevenhaus ist Schauspieler, Sänger, Autor, Sprachvermittler und Musikwissenschaftler und lebt im Siebengebirge bei Bonn. Er studierte Schottisch-Gälisch & gälische traditionelle Musik an der *University of the Highland and Islands / Oilthigh na Gàidhealtachd agus nan Eilean* in Schottland und schloss dieses Studium als erster Deutscher mit einem Master auf Gälisch ab. Im Jahre 2002 gründete er das "Deutsche Zentrum für Gälische Sprache und Kultur" in Bonn und bietet seitdem Sprach- und Liederkurse an. Seit 2000 arbeitet er als Radio- und Fernsehkorrespondent für den gälischsprachigen Rundfunk *BBC ALBA*. Er ist Autor von gälischen Kurzgeschichten und Romanen, sowie dem *Lehrbuch der Schottisch-Gälischen Sprache*. 2003 gründete er das schottisch-gälische Film- und Kulturfestivals *FILM-ALBA* in Bonn.

2007 erhielt er ein Engagement als gälischer Sänger und Schauspieler in der europäischen zeitgenössischen Oper *Die Insel der Vogelmenschen/ MacTalla nan Eun*. Seit 2008 erhält er regelmäßige Lehraufträge für Schottisch-Gälisch in Schottland. 2015 erschien sein erster gäl. Roman *An Uinneag don Iar/ Das Fenster zum Westen* über den Mauerbau in Berlin.

Für seine Verdienste um die gälische Sprache und Kultur in Deutschland wurde er 2013 mit dem *Duais na Gàidhlig International Gaelic Award* von *Bòrd na Gàidhlig* in Edinburgh ausgezeichnet.

www.schottisch-gaelisch.de

Impressum

Michael Klevenhaus
Schottisch-Gälisch – Wort für Wort

erschienen im
Reise Know-How Verlag Peter Rump GmbH,
Osnabrücker Str. 79, 33649 Bielefeld

7. neu bearbeitete und verbesserte Auflage 2022

ISBN 978-3-8317-6568-3

Gestaltung und Bearbeitung: der Verlag
Kartografie: Thomas Buri
Fotos: Michael Klevenhaus (S. 187, 222), AdobeStock (Cover – swen_stroop, S. 95 – Mumpitz, S. 11 – Mickan)

Druck und Bindung
mediaprint solutions GmbH, Paderborn

Bibliografische Information der Deutschen Nationalbibliothek
Die Deutsche Nationalbibliothek verzeichnet diese Publikation in der Deutschen Nationalbibliografie; detaillierte bibliografische Daten sind im Internet über http://dnb.dnb.de abrufbar.

Reise Know-How Bücher finden Sie in allen gut sortierten Buchhandlungen.
Falls nicht, kann Ihre Buchhandlung unsere Bücher hier bestellen:
D: Prolit GmbH, prolit.de und alle Barsortimente
CH: AVA Verlagsauslieferung AG, ava.ch
A: Freytag-Berndt und Artaria KG, freytagberndt.com
B, Lux, NL: Willems Adventure, willemsadventure.nl
oder direkt über den Verlag: www.reise-know-how.de

Effektiver Sprachen lernen – **Aussprache** trainieren

1. In diesem Buch gibt es kostenlose Aussprachebeispiele zum Anhören.

Die QR-Codes im Buch mit dem Smartphone scannen, um zu den zugehörigen Aussprachebeispielen zu kommen. Alternativ kann man diese auch unter www.reise-know-how.de/kauderwelsch/172 erreichen.

2. Unsere separat erhältlichen AusspracheTrainer bieten noch umfangreicheres Tonmaterial und ermöglichen so ein unkompliziertes Erlernen der neuen Sprache, auch unabhängig von den jeweiligen Kauderwelsch-Büchern.

Die MP3s sind über den Online-Buchhandel oder unseren Shop erhältlich: www.reise-know-how.de